ベターホームの
お菓子の基本

CONTENTS

■スポンジケーキ、バターケーキ、シフォンケーキなど、生地の種類ごとの構成になっています。それぞれの項目は、はじめの基本ページ（色枠で囲っているページ）で、詳しい作り方やコツがわかります。基本ページを参考にすれば、以降のお菓子も失敗なくきれいに仕上がります。

■主だったお菓子は、材料をサイズ別に載せています。

■オーブンの温度表示は、電気オーブンのものです。ガスオーブン（ファン付き）の場合は10〜20℃下げてください。詳しくはP.7をごらんください。

（例）「オーブン約180℃」
　→ガスファン付きオーブンは「160〜170℃」

■この本の分量表記
　大さじ1＝15cc
　小さじ1＝ 5cc
　卵1個＝約60g（卵黄約20g・卵白約30g）

お菓子研究・ベターホーム協会
　　　　　　　　　　竹内　律子
　　　　　　　　　　橋本　知子
　　　　　　　　　　山田美佐子

撮影・大井一範

6 ── 大切な道具のこと（泡立器・オーブン）
8 ── 主な材料のこと（小麦粉・砂糖・バター・卵・生クリーム）
10 ── 卵白の泡立て方（メレンゲの作り方）
11 ── 生クリームの泡立て方
158 ── お菓子づくりの用語

■スポンジケーキ
12 ──【スポンジケーキの作り方】
14 ── 別立て〜丸型の焼き方
16 ── 共立て〜シートの焼き方
18 ── いちごのケーキ
22 ── ココアバナナケーキ
24 ── ホワイトマロンケーキ
26 ── チョコクリームケーキ
28 ── ボストンクリームパイ
30 ── フルーツロールケーキ
32 ── ブッシュドノエル
35 ── モカロール
36 ── フルーツシャルロット
40 ── いちごムースケーキ
42 ── オペラ

■バターケーキ
44 ──【バターケーキの作り方】　紅茶のバターケーキ
48 ── パイナップルケーキ
50 ── ナッツケーキ
52 ── バナナケーキ
54 ── フルーツケーキ
56 ── レモンケーキ
58 ── ザッハトルテ
60 ── りんごのアップサイドダウンケーキ
62 ── ブルーベリーマフィン
64 ── ブラウニー
66 ── マドレーヌ
68 ── ガトーショコラマロン

■タルト
70 ──【タルトの作り方】
74 ── いちごのタルト
76 ── ミックスフルーツタルト
77 ── タルトレット
78 ── アプリコットタルト
80 ── オレンジタルト
82 ── りんごのタルト

■パイ
84 ──【パイの作り方】
84 ──　　アメリカンパイ
87 ──　　折りパイ
88 ──　　アップルパイ
90 ──　　フルーツパイ
92 ──　　パイ菓子（リーフパイ・サクリスタン）
94 ──　　チェリーパイ
96 ──　　パンプキンパイ
98 ──　　洋なしのパイ

■シフォンケーキ
100 ──【シフォンケーキの作り方】　コーヒーシフォンケーキ
104 ── スパイスシフォンケーキ
105 ── オレンジシフォンケーキ
106 ── 野菜シフォンケーキ

■シュー
108 ──【シュークリームの作り方】
113 ── リングシュー
114 ── モカシュークリーム
116 ── シューケーキ

■チーズケーキほか
118 ── ベイクドチーズケーキ
120 ── スフレチーズケーキ
122 ── オレンジチーズケーキ
124 ── レアチーズケーキ
126 ── フルーツインレアチーズケーキ
128 ── ストロベリームース
130 ── 洋なしのフラン・いちじくのフラン
　　　　　（洋なしのコンポートの作り方）
132 ── カスタードプリン

■クッキー

134 ── 【クッキーの作り方】 アイスボックスクッキー
　　　　　　（プレーンクッキー・ココアクッキー）
138 ── バナナチップスクッキー
140 ── スノーボール
142 ── フロランタン
144 ── マカロン
144 ── チュイール
146 ── 型抜きクッキー
148 ── フィグバー

■チョコレート

150 ── チョコレート（テンパリングの方法）
154 ── 生チョコレート
156 ── フルーツトリュフ

■クリームなどの作り方

27 ── チョコレートクリームの作り方
34 ── バタークリームの作り方
53 ── アイシングの作り方
112 ── カスタードクリームの作り方
133 ── カラメルソースの作り方

■MEMO

13 ── 型紙の敷き方（丸型・オーブン皿）
46 ──　　　　　　（パウンド型）
63 ── 型離れをよくするために
119 ── 底が抜けない型からケーキをとり出すには
21 ── しぼり袋の扱い方
23 ── 香料の知識
35 ── ケーキを切り分けるコツ
73 ── 洋酒の知識
129 ── ゼラチンが固まりにくくなるフルーツ
29 ── 便利な小道具（ケーキクーラー・ケーキ回転台）
57 ──　　　　　　（はけ・茶こし・竹串）
81 ──　　　　　　（パレットナイフ・ケーキカード）
95 ──　　　　　　（ボール）
141 ──　　　　　　（オーブンシート）
31 ── 保存と利用　（ケーキクラム）
115 ──　　　　　　（卵白）
133 ──　　　　　　（カラメルソース）

大切な道具のこと

泡立器

（ハンドミキサーとホイッパー）

■「泡立器」は、ワイヤーの泡立器（ホイッパー）、ハンドミキサーのどちらでもかまいません。
■どちらかを指定する場合は、「ハンドミキサー」と、ワイヤーの泡立器は「ホイッパー」と表記しています。

使い方のポイント

① 泡立ての途中で、時々ボールのまわりの生地をゴムべらで落とし、ムラがないようにする。

② 卵白や生クリームを泡立てるときは、泡立器の羽根はよく洗って水気をふく。
　この本では、できるだけ、泡立器を洗う手間が少ないようにレシピの手順を考えています。

③ 羽根に残った生地は、よくとってむだなく使う。
　その際、ハンドミキサーのコードは抜いてからにします。

オーブン

■生地は上手に作れたのに、焼いて失敗するケースは多いものです。オーブンの使いこなしは、お菓子のできを大きく左右します。オーブンの使い方のポイントをマスターし、合わせて、あなたのオーブンのクセを知っておきましょう。

機種による温度の違い

① 温度と時間表示は、電気オーブンの場合のめやすです。ガスオーブン（ファン付き）は10～20℃低くする。

　一般に、電気オーブンよりガスオーブンのほうが熱量が多いため、温度は電気よりも10～20℃低くします。

　オーブンは、メーカー、機種によって、同じ温度でも熱量が違います。レシピの焼き時間をめやすに、ようすをみながら焼きましょう。

　オーブンのクセを知るためには、スポンジケーキなどシンプルなもので試してみるとよいでしょう。

焼き方のポイント

① 生地をオーブンに入れたとき、必ず庫内が熱くなっているように、タイミングをみて予熱しておく。

　温度が低いうちに生地を入れると、温度が上がるまでにバターや砂糖が先に溶けて生地がやわらかくなり、泡も消えて、ふくらまなくなります。予熱不要のオーブンでも、温度が上がるまでに少し時間がかかるものもあるので、タイミングをみて予熱しておくほうが確実です。

② 扉は頻繁に開閉しない。開けるのは焼き時間の⅔が経過してから。

　1度扉を開けると、温度は30～40℃も下がることがあります。生地が生のうちは、大きく影響します。

　焼き時間の⅔ほどたつと、表面に焼き色がついて全体の形が定まってきます。扉を開けるのはそれからにします。

③ 時々、窓からのぞいてようすをみる。

　時々ようすをみて、焼き時間を加減する、温度を5～10℃調節するなどします。

④ アルミホイルをのせたり、向きを入れかえたりして、焼き色を調節する。

　中がまだ焼けていなさそうなのに、表面だけ焼けてしまったら、ケーキなどの表面にアルミホイルをのせます（ケーキの焼け具合確認の仕方→P.15⑦）。

　庫内の位置によって、焼け具合にムラがある場合は、す早く位置を変えます。いずれの場合もポイント②のタイミングを守ります。

主な材料のこと

小麦粉

■薄力粉は、ケーキやクッキーなどほとんどのお菓子生地の土台になります。ふつうの薄力粉でかまいませんが、お菓子用薄力粉は、仕上がりがより軽くなります。

■強力粉は、パイ生地などで生地のコシを強くしたい場合に使います。また、さらさらとしてべたつきにくいため、打ち粉や、型離れをよくするための粉としても使います。

使い方のポイント

① **薄力粉はふるって使う。**

　ケーキに粉のかたまりができないように、使う前に2回くらいふるいます。粉ふるいや万能こし器を使います。ベーキングパウダーは、粉と一緒にふるって、均一に混ぜます。

② **練らない。**

　多くの場合、生地作りで小麦粉を混ぜるときは、練らないようにします。粉を練るとねばりが出て、軽い生地に仕上がらないからです。そのためには、ゴムべらなどで、生地の上下を返したり、切るようなつもりで混ぜるとよいでしょう。

砂糖

■砂糖は、甘さ以外に、ケーキのふくらみ、焼き色やつやなどに大きくかかわる材料です。ですから、やたらに減らすことはできません。この本のお菓子は、砂糖を控えめにしていますので、まずは分量どおり作ってみてください。
■材料表の「砂糖」は、上白糖、グラニュ糖のどちらを使ってもかまいません。グラニュ糖はさっぱりした上品な味のため、甘味をストレートに感じるババロアなど冷菓におすすめです。また、透明感があるので、つやかんてんにも使います。
■三温糖、ブラウンシュガー（P.65）は、茶色っぽく、それぞれ独自の風味とコクがある砂糖です。カントリー調のお菓子によく合います。粉糖は、お菓子の表面にふって飾ります。また、軽いお菓子の生地に使うこともあります。

使い方のポイント

① ふるって使う。

グラニュ糖以外は、かたまりがあるので、万能こし器で1回ふるって使います。粉糖は茶こしでふるいます。

バター

■材料表の「バター」は、特に指定がないものは、有塩バター、食塩不使用のバター、マーガリン（加熱可能なもの）のうちどれを使ってもかまいません。より上品な味に仕上げたい場合は、食塩不使用のバターを使うとよいでしょう。
■クッキーにはマーガリンやショートニングもよく使います。バターより淡泊ですが、さっくり仕上がります。
■型に塗る油脂は、バター、マーガリン、ショートニングのいずれでもかまいません。

使い方のポイント

① バターはやわらかくして使う。

バターを練って生地を作る場合は、前もってバターを室温でやわらかくします。指で軽く押すと跡がつくくらいです。バターを薄く切ってボールに並べておくと、短時間でやわらかくなります。ただし、1度溶けてしまうと性質が変わって使えなくなるので、注意します。

② バターは白っぽくなるまで練る。

バターを練るのは、バターに空気をとりこむのが目的です。こうすることで卵などの水分が混ざりやすくなり、さらによくふくれたり、さっくりしたお菓子になります。バターに空気が入るほど白っぽくなってきます。

卵

■材料表の「卵」はMサイズ（殻付き約60g・正味50g）を使っていますが、特に指定がない場合は、Lでもかまいません。

使い方のポイント

① **卵は室温にもどして使う。**

冷蔵庫から出してすぐだと、泡立ちにくかったり、練り混ぜたバターと合わせる場合に、卵の冷たさでバターが固まって分離したりするからです。

メレンゲの作り方

① **卵白の泡立てはきれいな道具で。**

卵白は、油気や水気があると泡立ちにくくなります。ボールや泡立器などをきれいにして泡立てます。

② **はじめはほぐす。**

よくほぐしてから泡立てたほうが、泡立ちやすく効率的です。

③ **卵白が泡立ってきてから、砂糖を加える。**

砂糖を入れるタイミングは、卵白がほぐれて白っぽくなってからです。はじめから加えると泡立ちが悪くなります。2～4回に分けながら砂糖を加え混ぜると、泡がしだいにしっかりして、つやよく、きめが細かくなります。

卵白の泡立ち具合と用途

泡立器を上に向けると、泡の先が少しおじぎする状態。
（用途／スポンジケーキの生地や、バタークリームを作るときなど）

泡立器を上に向けてもツノがピンと立った状態。
（用途／シフォンケーキやシャルロットのスポンジ生地など）

×分離

さらに泡立て続けると、ぼそぼそになります。また、泡立ててから時間がたつほど、水分が出て、しぼんできます。

生クリーム

■乳脂肪分が高いほど、コクがあっておいしくなります。乳脂肪分40～45％のものを使うとよいでしょう。ただ、乳脂肪が多いほど、泡立てすぎて分離しやすくなります。「ホイップ用」と書いてある商品は、植物性脂肪を多くして、泡立ての失敗をしにくくしたものです。

泡立て方とポイント

① **砂糖や洋酒を加えて泡立てる。**

卵白と違い、生クリームには、はじめから砂糖や洋酒を加えて、泡立ててもだいじょうぶです。

② **冷やして泡立てる。**

生クリームは冷たいほどきめ細かな泡になるため、生クリームを入れたボールを氷水にあてながら、泡立てます。

③ **濃度が出てきたら慎重に。**

生クリームは泡立ちはじめると一気にかたくなってきます（乳脂肪が多いほど早い）。濃度が出てきたら、慎重にようすを見て（初心者なら、ハンドミキサーの場合はホイッパーに持ちかえたほうが無難）、用途に合わせた状態になるようにし、泡立てすぎないようにしましょう。

生クリームの泡立ち具合と用途

5～6分立て

泡立器にからんで、とろとろと流れ落ちる状態。
（用途／ババロアやムースの生地と混ぜるとき）

7～8分立て

泡立器ですくえ、泡立器につく泡はやわらかく、下にたれ下がる状態。
（用途／デコレーションでケーキに塗るときや、ロールケーキの中身）

9分立て

ツノが立った状態。8分立てからすぐこの状態になります。また乳脂肪が多いものは、すぐ泡立てすぎになってしまうので注意。
（用途／しぼり出し）

×分離

分離してしまうと、元にはもどせません。

11

スポンジケーキ
sponge cake

■スポンジの生地作りには2つの方法があります。卵を卵黄と卵白に分けて作る方法（別立て）と、分けずに作る方法（共立て）です。

■別立ては、初心者でもきれいに作れる方法です。共立ては、泡の立て加減がわかってくれば、手軽な方法です。

■別立てのスポンジはふわふわ感、共立てのものはしっとり感に優れています。ロールケーキのシートを作る場合は、巻くので、共立てが向いています。

■ここでは、別立ての生地で丸型を、共立ての生地でシートに焼いて、スポンジケーキの作り方をマスターします。

＊丸型は、底が抜けないものと、底が抜けるものがあります。特に指定がない場合は、どちらでも作れます。アルミやフッ素樹脂加工など型の素材によって、焼き時間は多少前後します。

＊オーブン皿はサイズがまちまちです。スポンジをオーブン皿でシート状に焼く場合、容量のめやすは「外寸約25cm角皿＝直径15cm丸型」「外寸約30cm角皿＝直径18cm丸型」です。オーブンは約200℃で 9〜10分。

基本材料（丸型1個分）			
直径	15cm	18cm	21cm
卵	2個	3個	4個
薄力粉	60g	90g	120g
砂糖	60g	90g	120g
バター	20g	30g	40g
牛乳	大さじ1	大さじ1½	大さじ2
バニラオイル	2〜3滴	3滴	3滴
オーブン約180℃	25分	27分	30分

準備／別立て・共立て共通

1

卵は冷蔵庫から出して、室温にもどします。

◀卵は冷蔵庫から出したてで冷たいと、泡立ちにくくなります。

2

薄力粉は2回、砂糖は1回ふるいます。

3

バターは湯せんにかけ、溶かして熱くしておきます。

◀バターは熱い（60〜70℃）くらいが生地に混ざりやすいので、湯せんにかけておきます。

◀型紙の敷き方
丸型／紙に型をあてて切り、底用と側面用の2枚を用意します。紙は、パラフィン紙やわらばん紙を使います。

4

型紙を作り、型の内側全体に敷きます。

オーブン皿／形に合わせて切り、紙の角に切りこみを入れて敷きこみます。紙側をケーキの表面にして焼き色をつけたくない場合は、底の部分の紙を2重にします。

5

オーブンは約180℃に温めておきます。

◀温度が上がっていないと、上がるまでに生地が沈んでしまいます。必ず、生地ができあがるまでに、オーブンの温度を上げておきます。

13

別立て

スポンジ生地を作る（直径18cmの例）

1

大きめのボールに卵白を入れ、卵黄をとり分けます。卵白を、はじめは全体をほぐすように静かに泡立てます（ハンドミキサーは低速）。

◀卵白は、水気や油気があると泡立ちにくくなるので、きれいなボール、泡立器を使います。

◀ハンドミキサーの場合、はじめから高速で一気に泡立てると、泡のきめがあらくなり、分離しやすくなります。

2

全体が泡立ってきたら、砂糖を3〜4回に分けて入れながら手早く泡立てます（ハンドミキサーは中→高速）。

▲ホイッパーの場合は、ボールの左右を打つつもりで動かすと、効率的です。

3

ⓐまだ不足　ⓑ適　ⓒ泡立てすぎ

跡が残るくらいに泡立ってきたら、大きく混ぜて、きめ細かくつやのあるメレンゲに仕上げます（泡の先が少しおじぎするくらい）。

▲ハンドミキサーの場合は泡立てすぎになりやすいので、スピードを落として調節するか、ホイッパーに持ちかえます。

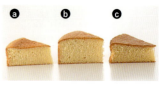

▲生地をそれぞれ焼いたもの。
ⓐきめがつまり、ふくらみが悪い
ⓒきめがあらく、ふくらみも悪い

4

卵黄を1個ずつ加え、全体に混ぜます。牛乳、バニラオイルも混ぜます。

◀メレンゲで泡立ちは充分なので、さらに泡立てる必要はありません。

5

ゴムべらにかえ、薄力粉を加えて、ボールの底からすくう（練らない）ように、混ぜます。最後に溶かしバターを混ぜます。

◀バター（油脂）が加わると、泡がつぶれやすくなるので、全体に混ざったら、時間をおかずにオーブンに入れます。

焼く（丸型で焼く場合）

6

型に流してオーブン皿にのせ、約180℃のオーブンに入れ、27分焼きます。

◀オーブンに入れたら、焼き時間の2/3まではオーブンをあけないようにします。生地がふくらみきらないうちにオーブンの扉をあけると、温度がすぐに下がって、生地がしぼんでしまいます。
◀中がまだ焼けていなさそうなのに、表面がこげそうなときには、アルミホイルを上にかぶせます。

7

焼きあがりを調べます。中央を指で軽くさわってみて、軽い弾力があればほぼOK。さらに竹串を刺して確認し、生地がついてこなければだいじょうぶです。

8

オーブンから型をとり出し、型をそのまま約20cmの高さから1度落とします。型ごとふせて1～2分むらし、型紙をとり、網にのせ、ふきんをかけてさまします。

◀オーブンから出してすぐ、型を落とすのは、焼き縮みを少なくするためです。
◀デコレーションまで時間があく場合は、さめてから、乾燥しないようにポリ袋に入れるかラップで包んで密閉します。また、冷凍できます（1～2週間・自然解凍）。

15

共立て

スポンジ生地を作る

1

大きめのボールに卵を割りほぐします。砂糖を加えて一気に泡立てます（ハンドミキサーは中→高速）。

◀ホイッパーで泡立てる場合は、泡立ちにくいので、ボールを湯せん（風呂の湯くらいの温度）につけながら泡立てます。卵液が冷たくなくなったら（30℃くらい）、湯ははずします。

2

まだ不足 ／ シート状に焼く場合 ／ 丸型で焼く場合

卵液が泡立て器からリボン状につながって落ちるようになってきたら、スピードを落として大きく混ぜるようにします。生地で「の」の字がかける程度になったらやめます。

▲ロールケーキにするため、シート状に焼く場合は、しっとりめの生地にしたいので、「の」の字がどうにかかけるくらいにします。丸型などで焼く場合は「の」がきちんとかけるくらいまで泡立てます。

▲ハンドミキサーの場合は泡立ちすぎになりやすいので、スピードを落として調節するか、ホイッパーに持ちかえます。

3

牛乳、バニラオイルを混ぜます。ゴムべらにかえ、薄力粉を加えて、ボールの底をすくうように混ぜます。最後に溶かしバターを混ぜます。

焼く(シートに焼く場合)

4

オーブン皿に流し、皿を傾けて表面を平らにします。約200℃のオーブンに入れ、表面が少し薄めの茶色になるまで約10分焼きます。

◀シート状の薄いスポンジは、高めの温度で短時間に焼きます。こげやすいので、焼きすぎに注意しましょう。

5

中央を指で軽くさわって、軽い弾力があれば焼けています。

6

オーブン皿をとり出し、20cmくらいの高さから1度落とします。乾いたふきんの上に、シートを紙ごとのせ、オーブン皿をかぶせて1〜2分むらします。

◀オーブンから出してすぐ、型を落とすのは、焼き縮みを少なくするためです。

7

裏返して型紙をはがしてから、シートを表に返し、ふきんをかけてさまします。

◀デコレーションまで時間があく場合は、さめてから、乾燥しないようにポリ袋に入れるかラップで包んで密閉します。また、冷凍できます(1〜2週間・自然解凍)。

17

いちごのケーキ

お誕生日には欠かせません。これをマスターすると、あなたもお菓子の腕自慢に。

材料（丸型1個分）

直径	15cm	18cm
〈スポンジ〉		
卵	2個	3個
薄力粉	60g	90g
砂糖	60g	90g
バター	20g	30g
牛乳	大さじ1	大さじ1½
バニラオイル	2～3滴	3滴
〈シロップ〉		
砂糖	大さじ1	大さじ1½
水	大さじ1	大さじ1½
ホワイトキュラソー	大さじ1	大さじ1½
〈デコレーション〉		
生クリーム	150cc	200cc
砂糖	20g	30g
ホワイトキュラソー	大さじ1	大さじ1
いちご	200g	300g
しぼり袋と星口金		
オーブン約180℃	25分	27分

▲クリームのしぼりなしで、こんなふうに飾っても。

スポンジケーキを作る

1

P.13～16のとおりに、別立てか共立てでスポンジ生地を作り、焼きます。

シロップを作る

2

シロップの砂糖と水を鍋で温め、砂糖を煮溶かします。火を止めて、ホワイトキュラソーを加えます。いちごは飾り用をとり分け、残りを縦2～3つに切ります。

生クリームを泡立てる

3

ボールに生クリームを入れ、砂糖、ホワイトキュラソーを加えます。泡立て器で7～8分立て（やわらかいツノができるくらい）にします。

　▲クリームは、塗るときに、さわるたびにかたくなるので、やわらかめにしておきます。

デコレーション

4

スポンジの厚みを2等分に切ります。切り口と表面全体に、シロップをはけでしみこませます。下半分を回転台にのせます。

　▲同じ高さの棒などがあれば、支えにすると均一に切れます。

　▲回転台がなければ丸型をふせて台にします。

5

切り口に、ホイップクリームをひとかたまりのせてパレットナイフで広げ、いちごを並べます。上にクリームをのせて広げます。

◀クリームの配分は、はさむ分、周囲のカバー分、しぼり飾り分、それぞれ⅓量ずつがめやすです。

6

もう1枚をのせて、カバー分の生クリームをたっぷり上にのせ、パレットナイフで側面に落とすようにしながら、表面をほぼ平らにします。

◀回転台を回しながら作業します。
◀ホイップクリームはパレットナイフでさわるたびにかたくなって、ぼそついてきます。きれいに仕上げるには、パレットナイフを大胆に使って、何度も塗り直さないのがコツです。

7

パレットナイフを立てて、側面も塗ります。最後に、縁を1周してならします。

◀ナイフを動かさずに、回転台を回して1周するときれいに塗れます。

8

クリームを9分立て(ツノが立つ状態)にして、口金を入れたしぼり袋に入れます。

9

ケーキの表面にしぼり出します。いちごを飾ります。ケーキの下にパレットナイフをさし入れて、皿やまな板に移動します。

◀できあがったケーキは、30分〜1時間冷蔵すると、味もなじみ、クリームも落ち着いて、切り分けやすくなります。

10

刃先をケーキの中央に入れて、切り分けます（ケーキを切り分けるコツP.35）。

◀ぬれぶきんを用意して、切るたびに包丁やケーキスライサーをふくと、きれいに切れます。

■しぼり袋の扱い方

▲口金の種類としぼった形。上から、星型（大・小）、丸型（大・小）、波型。

①新しいしぼり袋は、とがったほうを、口金が半分程度出る位置で切ります。

②口金を入れ、クリームが出てこないように、先端のほうを折るかひとねじりします。袋の口は折り返します。

③ゴムべらでクリームを詰めます（しぼり袋をマグカップなどに立てると入れやすい）。

④袋の口と先端を元にもどし、口のほうからねじって中のクリームを先に押し出します。皿などに少量しぼってみてから、ケーキにしぼります。

21

ココアバナナケーキ

スポンジケーキが作れるようになったら、ココア生地に挑戦。ラフなデコレーションで。

材料（丸型1個分）

	直径 15cm	18cm
〈ココアスポンジ〉		
卵	2個	3個
薄力粉	60g	90g
ココア	大さじ2	大さじ3
砂糖	60g	90g
バター	20g	30g
牛乳	大さじ1	大さじ1½
バニラオイル	3滴	3滴
〈シロップ〉		
砂糖	大さじ1	大さじ1½
水	大さじ1	大さじ1½
バナナリキュール*	大さじ1	大さじ1½
〈デコレーション〉		
生クリーム	100cc	150cc
砂糖	20g	30g
バナナリキュール	大さじ1	大さじ1½
バナナ	1本(約180g)	1½本
レモン汁	小さじ1	大さじ½
ココナッツ(糸状)	大さじ3(10g)	大さじ4
オーブン約180℃	25分	27分

＊リキュールはホワイトキュラソーでも。

ココアスポンジケーキを作る

① P.13〜16のとおりに、別立てか共立てでスポンジ生地を作り、焼きます（約180℃・25〜27分）。薄力粉はココアと合わせて、2回ふるってから使います。

② さめてから、厚みを2枚に切ります。

シロップを作る

③ シロップの砂糖と水を鍋で温め、砂糖を煮溶かします。火を止め、リキュールを加えます。

生クリームを泡立てる

④ ボールに生クリームを入れ、砂糖、バナナリキュールを加えます。泡立てます。

⑤ 濃度が出てきたら、ゆっくり泡立て、7〜8分立て(やわらかいツノができるくらい)にします。

デコレーション

⑥ ココナッツはオーブン皿に広げ、約160℃のオーブンで4分、うっすらと焼き色がつく程度に焼きます。バナナは7mm厚さに切り、レモン汁をふっておきます。

⑦ スポンジの切り口と表面全体に、シロップをしみこませます。切り口に生クリーム約半量とバナナをはさみ❸、重ねます。上に残りの生クリームをのせ、ケーキ全体にざっと塗ります。上にココナッツを散らします。

香料の知識

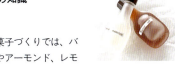

お菓子づくりでは、バニラやアーモンド、レモンなどの香料を使います。アルコール抽出のものがエッセンス、油性のものがオイルです。熱いとアルコールはとぶので、加熱するものにはオイルが向いています。

ホワイトマロンケーキ

モンブランケーキの味。甘露煮の栗を飾ってもすてきです。

材料（丸型1個分）

直径	15cm	18cm
〈スポンジ〉		
卵	2個	3個
薄力粉	60g	90g
砂糖	60g	90g
バター	20g	30g
牛乳	大さじ1	大さじ1½
バニラオイル	3滴	3滴
〈シロップ〉		
砂糖・水	各大さじ1	各大さじ1½
ブランデー	大さじ1	大さじ1½
〈デコレーション〉		
生クリーム	80cc	120cc
砂糖	大さじ1	大さじ1½
ブランデー	大さじ½	大さじ1
マロンクリーム*	100g	150g
ホワイトチョコレート	100g	150g
（あれば）ミント	少々	少々
オーブン約180℃	25分	27分

＊マロンクリームやマロンペーストは缶詰やびん詰めで売っています。商品によって、甘さやかたさが違い、煮つめたり、生クリームを加えてかたさや味を調整します。適度なかたさにしてモンブラン用の口金でしぼり出しても。

スポンジケーキを作る

① P.13～16のとおりに、別立てか共立てでスポンジ生地を作り、焼きます（約180℃・25～27分）。さめてから、厚みを2等分に切ります。

シロップを作る

② シロップの砂糖と水を鍋で温め、砂糖を煮溶かします。火を止めて、ブランデーを加えます。

生クリームを泡立てる

③ ボールに生クリームを入れ、砂糖、ブランデーを加えます。泡立てます。7～8分立て（やわらかいツノができるくらい）にします。

④ マロンクリームに、③を大さじ3ほど加えて混ぜます**ⓐ**。

デコレーション

⑤ チョコレートをくり抜き器でけずって「コポ」を作ります**ⓑ**。くり抜き器がなければ、形は多少不ぞろいになりますが、スプーンでも。

▲チョコレートはかたすぎず、やわらかすぎずの温度にし、体温で溶けないように、なるべくさわらないようにけずります。けずったものは冷蔵しておきます。

⑥ スポンジの切り口と表面全体に、シロップをはけでしみこませます。

⑦ 切り口に④のマロンクリームを塗って、スポンジを2段重ねにします。上に生クリームをのせて平らにし、側面にも生クリームをきれいに塗ります。

▲クリームの配分は、上部、周囲、それぞれ½量ずつがめやすです。

⑧ ケーキの上と周囲にコポをつけます**ⓒ**。

チョコクリームケーキ

スポンジをマスターしたら、クリームに凝ってみましょう。

材料（30cm角オーブン皿1枚分）

〈スポンジ〉
卵‥‥‥‥‥‥‥‥‥‥‥3個
薄力粉‥‥‥‥‥‥‥‥‥‥60g
砂糖‥‥‥‥‥‥‥‥‥‥‥50g
バター‥‥‥‥‥‥‥‥‥‥20g
牛乳‥‥‥‥‥‥‥‥‥‥大さじ1

〈シロップ〉
砂糖・水‥‥‥‥‥‥各大さじ1½

〈チョコレートクリーム〉
スイートチョコレート‥‥‥100g
生クリーム‥‥‥‥‥‥‥‥150cc
卵白‥‥‥‥‥‥‥‥‥‥2個分
　砂糖‥‥‥‥‥‥‥‥‥‥50g
　水‥‥‥‥‥‥‥‥‥‥大さじ1
バター（食塩不使用）‥‥‥‥100g
ブランデー‥‥‥‥‥‥‥大さじ1

くるみ‥‥‥‥‥‥‥‥‥‥20g
ココア‥‥‥‥‥‥‥‥大さじ1½

オーブン　約200℃・10分

スポンジシートを作る

① P.13〜17のとおりに、別立てか共立てでスポンジ生地を作り、シート状に焼きます（約200℃・10分）。

チョコレートクリームを作る

② 下欄のとおりにチョコレートクリームを作ります。

デコレーション

③ くるみは約180℃のオーブンで7〜8分焼いて5mm角にきざみます。

④ シロップの材料を鍋で温め、砂糖を煮溶かします。

⑤ スポンジシートは長い辺を3等分に切り、表面にシロップをはけでしみこませます。

⑥ シート2枚にチョコレートクリーム（約¼量ずつ）を塗り、くるみを散らして重ね、3段にします。4辺を少し切って、形を整えます。

⑦ 残りのクリームを全体に塗ります。表面を平らにし、側面にもクリームをきれいに塗ります。表面にケーキコームでもようを描き ⓐ、茶こしでココアをふります。

■チョコレートクリームの作り方

① バターはボールに入れ、室温でやわらかくします。チョコレートは細かく割り、別のボールに入れます。

② 鍋で生クリームを沸とうさせ、チョコレートに加えて溶かします ⓑ。さましておきます。

③ 別のボールに卵白を入れて、やわらかめのツノが立つまで泡立てます。

④ 小鍋に砂糖と水を混ぜ、中火にかけます。沸とうして（全体が泡立って）から2〜3分煮立てます。これを糸のように③のボールに入れながら泡立器でさらに泡立て ⓒ、しっかりしたメレンゲを作ります。

⑤ バターを泡立器でクリーム状にし、白っぽくなったら、④を加えて ⓓ よく混ざるまでさらに泡立てます。ブランデーを混ぜます。

⑥ ②がさめてとろりとしてから、⑤に混ぜます ⓔ。

27

ボストンクリームパイ

薄めのスポンジにカスタードをはさみ、パイのように平らに仕上げたケーキです。

材料(直径21cm丸型またはタルト型1個分)

〈スポンジ〉
卵・・・・・・・・・・・・・・・・・・・・・・・・・・・ 2個
薄力粉 ・・・・・・・・・・・・・・・・・・・・・・60g
砂糖 ・・・・・・・・・・・・・・・・・・・・・・・・60g
バター ・・・・・・・・・・・・・・・・・・・・・・30g
牛乳 ・・・・・・・・・・・・・・・・・・・・・大さじ2
バニラオイル ・・・・・・・・・・・・・・・ 3滴
〈型塗り用〉バター・薄力粉など 適量

〈シロップ〉
砂糖 ・・・・・・・・・・・・・・・・・・・・・大さじ1
水 ・・・・・・・・・・・・・・・・・・・・・・・大さじ1
ラム酒 ・・・・・・・・・・・・・・・・・・・大さじ1

〈カスタードクリーム〉
卵黄 ・・・・・・・・・・・・・・・・・・・・・ 3個分
砂糖 ・・・・・・・・・・・・・・・・・・・・・・・50g
薄力粉 ・・・・・・・・・・・・・・・・・・・・・20g
牛乳 ・・・・・・・・・・・・・・・・・・・・・400cc
バニラエッセンス ・・・・・・・・・・・ 3滴
ラム酒 ・・・・・・・・・・・・・・・・・・・大さじ1
バター ・・・・・・・・・・・・・・・・・・・・・30g

粉糖 ・・・・・・・・・・・・・・・・・・・・・大さじ2

オーブン　約180℃・20分

＊スポンジといえば丸型と思いこまずに。タルト型も利用できます。
＊残った卵白は冷凍しておくとよいでしょう(保存と利用P.115)。

鍋肌に近いところから濃度がついてくるので、木べらでこするように混ぜます。煮立って、全体にふつふつと泡が出てきたら、できあがりです。

スポンジケーキを作る

① 型はバターを薄く塗り、粉をふって余分を落としておきます。以降は、P.13～16のとおりに、別立てか共立てでスポンジ生地を作り、タルト型で焼きます(約180℃・20分)。

カスタードクリームを作る

② ボールに卵黄、砂糖を入れてホイッパーで白っぽくなるまですり混ぜます。薄力粉を混ぜます。

③ 鍋に牛乳を入れ、沸とう寸前まで温めます。②のボールに牛乳を少しずつ入れ混ぜます。こしながら鍋にもどし、強火にかけます。

④ 混ぜながら加熱し、とろみが出はじめたら一気に混ぜ、全体にふつふつと煮立ったら❹、火からおろします。あら熱がとれたらバニラエッセンス、ラム酒を混ぜます。

⑤ ボールやバットに移し、表面にバターをのせ、ラップをかけて冷やします。

仕上げる

⑥ シロップの砂糖と水を鍋で温め、砂糖を煮溶かします。火を止めて、ラム酒を加えます。

⑦ スポンジの厚みを2等分に切ります。切り口にシロップを塗り、カスタードクリームをはさみます。茶こしで粉糖をふります。

便利な小道具

ケーキクーラー
ケーキ回転台

　焼きあがったお菓子は、手早くさまして熱をとるために、面積が広く、しかも平らな網が必要です。また、ケーキ回転台があれば、クリームがかんたんにきれいに塗れ、できばえが格段に違ってきます。

29

フルーツロールケーキ

スポンジシートはすぐ焼けて早くさめるので、意外と手軽に作れるケーキです。

材料（オーブン皿1枚分）

	25cm角	30cm角
〈スポンジ〉		
卵	2個	3個
砂糖	40g	60g
薄力粉	40g	60g
牛乳	大さじ1	大さじ2
〈シロップ〉		
砂糖	大さじ2/3	大さじ1
水	大さじ2/3	大さじ1
ホワイトキュラソー	大さじ2/3	大さじ1
〈デコレーション〉		
生クリーム	100cc	150cc
砂糖	大さじ1	大さじ1½
ホワイトキュラソー	大さじ2/3	大さじ1
パパイア	1/3個	½個
キウイフルーツ	2/3個	1個
粉糖	適量	適量
オーブン約200℃	9～10分	

＊オーブン皿が小さい場合は、作り方⑤でシートを縦長にして巻いても。

スポンジシートを作る

① P.13、16～17のとおりに、スポンジ生地を作ります（バター、バニラオイルは不要）。シート状に焼きます（約200℃・約10分）。

シロップを作る

② シロップの砂糖と水を鍋で温め、砂糖を煮溶かします。火を止めて、ホワイトキュラソーを加えます。

生クリームを泡立てる

③ フルーツは7～8mm角に切ります。

④ ボールに生クリームを入れ、砂糖、ホワイトキュラソーを加えます。泡立てます。濃度が出てきたら、ゆっくり泡立て、7～8分立て（やわらかいツノができるくらい）にします。

デコレーション

⑤ 紙の上に、スポンジシートを焼き色のついた側を上にしてのせます。浅く切り目を5～6本入れます❶。シロップをはけで塗ります。

⑥ 生クリームを全体に広げます（向こう端を少し残し、中央部分は厚めに）。フルーツを散らして、手前から紙でささえて巻きます❷。

⑦ 紙に巻いたまま、冷蔵または冷凍して形をしっかりとさせます。

⑧ 茶こしで粉糖をふり、切り分けます。

切り目の間隔は、手前はせまく、向こうを広くします。

・・・・・・・・・・・・・・・・・・・・・・

保存と利用
ケーキクラム

スポンジケーキの切れ端や残りは、細かくほぐして冷凍しておくとよいでしょう（約1か月保存可）。タルトやパイのフィリングの土台として入れると（→P.95）、ボリュームが出ておいしい。

ブッシュドノエル

寒い冬。暖炉に蒔をくべてみんなが集う、暖かいイメージを象徴する祝い菓子です。

材料（30cm角オーブン皿1枚分）

〈モカスポンジ〉
- 卵･････････････････3個
- 砂糖または三温糖･････60g
- A [薄力粉･･････････60g
      挽きコーヒー（細かく挽いた粉）･15g]
- 牛乳･････････････大さじ2
- クレームドモカ*･････大さじ1

〈シロップ〉
- 砂糖･････････････大さじ1
- 水･･･････････････大さじ1
- クレームドモカ･････大さじ1

〈モカバタークリーム〉
- バター（食塩不使用）･････150g
- 卵黄･････････････2個分
- [砂糖･･････････････40g
    水･･･････････････大さじ2]
- B [クレームドモカ･･大さじ1½
      コーヒー（インスタントコーヒー
      大さじ2½を湯大さじ1½でとく）]

〈飾り〉
- チョコレートの葉
  - スイートチョコレート････100g
  - ココア･･･････････小さじ⅙
  - バラの葉やつたの葉･･3～4枚
- アラザン･････････････少々
- スライスアーモンド････20g
- 粉糖････････････････少々

オーブン　約200℃・10分

＊クレームドモカのかわりに、コーヒーリキュール、カルーアなど、コーヒー風味の洋酒が使えます。

スポンジシートを作る
① P.13、16～17のとおりに、スポンジ生地を作り、シート状に焼きます（約200℃・10分）。薄力粉はコーヒーの粉と一緒にふるってから作ります。

シロップを作る
② シロップの砂糖と水を鍋で温め、砂糖を煮溶かします。火を止めて、クレームドモカを加えます。

モカバタークリームを作る
③ P.34下欄のとおりにバタークリームを作ります。仕上がったら、コーヒー、クレームドモカを混ぜてモカ味にします。

飾りを作る
④ P.151のとおりにチョコレートの葉を作ります。

⑤ スライスアーモンドは約180℃のオーブンで5～6分、薄く色づく程度に焼きます。

▲チョコレートの葉のほかにも、アンジェリカやドレンチェリーなどの製菓材料、市販のチョコ菓子、ナッツなどを使って、楽しく飾ってみましょう。

デコレーション

⑥　紙の上に、スポンジシートを焼き色のついた側を上にしてのせます。浅い切り目を5～6本入れます（手前はせまく、向こうを広く）。シロップをはけで塗ります**ⓐ**。

⑦　モカバタークリームの半量を全体に広げます。手前から紙でささえて巻きます**ⓑ**。紙に巻いたまま、冷蔵庫に1時間ほどおいて形をなじませます。

⑧　ロールの両端を切って、切り株に見立てます。切り口を残して残りのバタークリームをパレットナイフで塗ります**ⓒ**。

⑨　チョコの葉、アラザン、アーモンドを飾ります。茶こしで粉糖をふります。

■バタークリームの作り方■

①　ボールに卵黄を入れて泡立て器でよく混ぜます。鍋に水と砂糖を入れて中火にかけ、沸とう後約1分、竹串で指にとり、かすかに糸をひく程度に煮つめます。

②　すぐ、①のボールに、糸のように細く加えながら泡立て器で混ぜます。マヨネーズ状になります。

P.33の材料表のコピー
〈モカバタークリーム〉
バター（食塩不使用）…150g
卵黄…………2個分
砂糖……………40g
水…………大さじ2
B ｛ クレームドモカ
　　　……大さじ1½
コーヒー（インスタントコーヒー大さじ2½を湯大さじ1½でとく）

③　別のボールにバターを入れ、泡立て器でよく混ぜます。白っぽくなったら、②をよく混ぜます。

▲バターをよく混ぜると、しつこくないおいしいクリームに仕上がります。

④　バタークリーム（プレーン）のできあがり。Bを混ぜてモカ味にします。

▲プレーンのまま使う場合は、風味づけにラム酒を大さじ1混ぜるとおいしい。

モカロール

P.32のブッシュドノエルは、飾らずに、中身だけでもとてもおいしくいただけるケーキです。

生地に入れる挽きコーヒーは、インスタントコーヒー大さじ4でもかまいません。クリームは、ラム酒を加えたプレーンバタークリームもよく合います（上写真）。

ケーキを切り分けるコツ

- ケーキを仕上げたら、冷蔵庫で1時間くらい冷やして、クリームをしっかりさせてから切ります。
- 包丁やケーキスライサーの刃を、ぬるま湯（チョコレートケーキは熱湯）で温め、ふきんでふいてから切るときれいに切れます。切るたびに、刃はふいてきれいにします。
- 丸いケーキは、刃先をケーキの中央に入れて切り分けます。
- 半分、半分と切っていくと、等分にきれいに切れます。

フルーツシャルロット

婦人帽シャルロットに似ているお菓子。スポンジとババロアで作ります。

材料（直径15cmセルクル1個分）

〈スポンジ〉
- 卵黄 ……………………… 2個分
- 砂糖 ……………………… 30g
- 卵白 ……………………… 2個分
- 砂糖 ……………………… 30g
- 薄力粉 …………………… 70g
- 牛乳 ……………………… 大さじ1
- バニラオイル …………… 少々
- 粉糖 ……………………… 大さじ½
- しぼり袋と丸口金（直径1cm）

〈シロップ〉
- 砂糖 ……………………… 大さじ1
- 水 ………………………… 大さじ1
- コアントロー …………… 大さじ½

〈ババロア〉
- ゼラチン ………………… 大さじ1½
- 水 ………………………… カップ⅓
- A ｛ 卵黄 ………………… 2個分
-     砂糖 ………………… 20g
- B ｛ 牛乳 ………………… カップ¾
-     砂糖 ………………… 20g
- バニラエッセンス ……… 3滴
- C ｛ 生クリーム ………… 100cc
-     コアントロー ……… 大さじ½

〈飾り〉
- オレンジ ………………… 1個

〈つやかんてん〉
- 粉かんてん ……………… 小さじ⅓
- 水 ………………………… カップ⅓
- グラニュ糖 ……………… 30g

オーブン　約200℃・15分

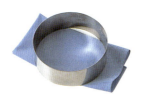

＊セルクル。ムースやババロアの生地を流して形作る底がない型。サークル（円）の意味で、丸や楕円形など、大小いろいろあります。

スポンジ生地を作る

- 薄力粉は2回、砂糖は1回ふるいます。
- 紙に図のような形（側面と底面）を描き、オーブン皿のオーブンシートの下に敷きます。

1

ボールに卵白を入れ、泡立てます。全体が泡立ってきたら、砂糖を2～3回に分けて加え、しっかりしたメレンゲを作ります。

2

別の大きめのボールに卵黄と砂糖を入れ、泡立器で白っぽくマヨネーズ状になるまで混ぜます。牛乳、バニラオイルを混ぜます。

▲ふつうのスポンジ生地（別立て）とは違い、卵黄も、泡立てるようによく混ぜておきます。あとでしぼり出すので、混ぜたりないと、1本1本のもようがはっきりしません。

3

2にメレンゲ半量を混ぜ、ゴムべらにかえて、粉を加えて粉気がなくなるまで混ぜ、残りのメレンゲも混ぜます。しぼり袋に入れます。

焼く

4

生地を型紙に合わせて、オーブン皿にしぼり出します。型紙をはずします。茶こしで粉糖をふりかけます。

◀やわらかい生地なので、しぼり袋を寝かせぎみにして、生地を置くようにするとよいでしょう。底面は中心からうず巻き状にしぼり出します。

5

約200℃のオーブンで15分焼きます。シロップの砂糖と水を煮立て、火からおろして、コアントローを加えます。

6

さめてから、セルクルに合わせてスポンジを切ります。シロップを塗って、セルクルに、側面、底の順に入れます。

◀底のほうは、側面のスポンジの分だけ、型よりひとまわり小さくします。
◀セルクルは、トレーや平らな皿にのせます。

ババロア生地を作る

● ゼラチンは分量の水にふり入れて15分以上おきます。湯せんにかけて溶かします。

7

ボールにAを入れて、ホイッパーで白っぽくなるまですり混ぜます。鍋にBを入れて沸とう寸前まで温め、ボールに加えて混ぜます。

P.37の材料表のコピー
〈ババロア〉
　　｛ゼラチン…………大さじ1½
　　｛水………………カップ⅓
A｛卵黄……………2個分
　｛砂糖……………20ｇ
B｛牛乳……………カップ¾
　｛砂糖……………20ｇ
バニラエッセンス…………3滴
C｛生クリーム…………100cc
　｛コアントロー………大さじ½
〈飾り〉
オレンジ………………1個
〈つやかんてん〉
粉かんてん……………小さじ⅓
水………………………カップ⅓
グラニュ糖……………30ｇ

8

こしながら鍋にもどし、弱火にかけます。とろりと濃度がついたら火を止めます。ゼラチン液、バニラエッセンスを混ぜ、大きめのボールに移します。

9 別のボールにCを入れ、氷水にあてながら、とろりと濃度がつくまで泡立てます。氷水をはずします。

◀**10**の写真の生地と、同じくらいの濃度にします。

10

続いて、氷水に**8**のボールをあてて、混ぜながら冷やします。とろりと濃度がついたら氷水からはずし、**9**を混ぜます。

11

セルクルに流し入れます。冷蔵庫で冷やし固めます（約1時間）。

飾る

12 オレンジは実をとり出します。ババロアが固まったら、オレンジを飾ります。

13

つやかんてんを作ります。鍋で水、粉かんてんを煮立て、グラニュ糖を加えて溶かし、1〜2分煮て火を止めます。少しさましてからオレンジの上に、はけで塗ります（すぐ固まる）。型をはずします。

◀セルクルに長く入れておくとスポンジがしめって型についてしまいます。仕上がったら、とり出します。

39

いちごムースケーキ

スポンジの台にムースとゼリーを重ねて作ります。お店のケーキに負けないできばえです。

材料（直径15cmセルクル1個分）

〈スポンジケーキ〉
- 卵‥‥‥‥‥‥‥‥‥‥‥2個
- 砂糖‥‥‥‥‥‥‥‥‥‥60g
- 薄力粉‥‥‥‥‥‥‥‥‥60g
- バター‥‥‥‥‥‥‥‥‥20g
- 牛乳‥‥‥‥‥‥‥‥‥大さじ1
- バニラオイル‥‥‥‥‥‥‥3滴

〈シロップ〉
- 砂糖‥‥‥‥‥‥‥‥‥大さじ½
- 水‥‥‥‥‥‥‥‥‥‥大さじ½
- いちごリキュール(またはキルシュ)‥大さじ½

〈ムース〉
- A {
  - ゼラチン‥‥‥‥‥‥‥大さじ1
  - 水‥‥‥‥‥‥‥‥‥‥大さじ5
  - 卵黄‥‥‥‥‥‥‥‥‥1個分
  - グラニュ糖‥‥‥‥‥‥‥50g
- 牛乳‥‥‥‥‥‥‥‥‥‥70cc
- B {
  - 生クリーム‥‥‥‥‥‥‥70cc
  - いちごリキュール‥大さじ1

〈ゼリー〉
- ゼラチン‥‥‥‥‥‥‥大さじ½
- 水‥‥‥‥‥‥‥‥‥‥大さじ4
- いちごリキュール‥‥‥‥大さじ½

- いちご‥‥‥‥‥‥‥‥‥300g
- レモン汁‥‥‥‥‥‥‥大さじ1
- ムースフィルム*‥セルクル1周分

オーブン　約180℃・25分

＊切り分けたケーキの周囲をかこむフィルムが製菓材料店で市販されています。短ければつぎたして使います。

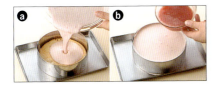

スポンジケーキを作る

① P.13～16のとおりに、別立てか共立てでスポンジ生地を作り、焼きます（約180℃・25分）。さめてから、厚みを2枚に切って、1枚を使います。

▲残りは冷凍しておけます（1～2週間）。

セルクルに入れる

② セルクルはトレーや平らな皿にのせ、周囲にムースフィルムを入れ、スポンジを敷きます。シロップを作り（水で砂糖を煮溶かし、リキュールを加える）、スポンジにはけで塗ります。

ムース生地を作って流す

③ いちごは5粒を4つ割りにします。残りはクッキングカッターにかけるか裏ごしをして、ピューレにし、レモン汁を混ぜます。

④ ムース用のゼラチンを、分量の水にふり入れて15分以上おきます（ゼリー用のも同様にしておきます）。

⑤ 大きめのボールにAを入れて泡立器ですり混ぜます。鍋で牛乳を沸とう寸前まで温めて火を止め、ムース用のゼラチンを加えて溶かします。熱いうちにAに加えて混ぜます。

⑥ 別のボールにBを入れ、氷水にあてながら、とろりと濃度がつくまで泡立てます。

⑦ 続いて、⑤のボールに、いちごのピューレ½量を加えてから、氷水にあて、混ぜながら冷やします。とろりと濃度がついたら氷水からはずし、⑥を混ぜます。

⑧ セルクルに流し入れ🅐、4つ割りのいちごを散らします。冷蔵庫で冷やし固めます（約1時間）。

ゼリーを作って流す

⑨ ムースが固まってから、ゼリー用のもどしたゼラチンを湯せんにかけて溶かします。

⑩ 残りのいちごピューレに、ゼラチン液、リキュールを混ぜます。氷水にあてて、混ぜながら冷やし、少し濃度がついてきたら、ムースの上に流します🅑。冷蔵庫でさらに冷やし固めます（約40分）。

41

オペラ

フランスのオペラ座界隈で作られたといわれる、華麗なお菓子です。

材料（30cm角オーブン皿1枚分）

〈スポンジ〉
卵……………………………3個
砂糖…………………………70g
A ┃ 薄力粉……………………30g
  ┃ アーモンドパウダー……60g
バター………………………20g

〈コーヒーシロップ〉
水……………………………150cc
砂糖…………………………50g
インスタントコーヒー‥大さじ3
ラム酒………………………大さじ1

〈コーヒーバタークリーム〉
バター（食塩不使用）………100g
卵黄…………………………1個分
 ┃ 砂糖………………………30g
 ┃ 水…………………………大さじ1
B ┃ インスタントコーヒー……大さじ1
  ┃ コーヒーリキュール………大さじ1

〈ガナッシュ〉
牛乳・生クリーム…………各50cc
スイートチョコレート………200g
バター………………………30g
金箔…………………………少々

オーブン　約200℃・10分

ガナッシュをかけた
あとはさわりません。

スポンジシートを作る

① P.13〜17のとおりに、別立てか共立てでスポンジ生地を作り、シート状に焼きます（約200℃・10分）。Aは合わせてふるって使います。

コーヒーバタークリームを作る

② バターはボールに入れ、室温でやわらかくしておきます。

③ 別のボールに卵黄を入れて、白っぽくなるまで泡立てます。鍋に砂糖と水を混ぜ、中火にかけます。鍋をゆすりながら、沸とうして（全体が泡立って）から約1分煮立てます。これを糸のように卵黄に加えながら、泡立器でさらに混ぜ、マヨネーズ状にします。

④ バターを泡立器でよくすり混ぜます。白っぽくなったら③を加え、よく混ぜます。

⑤ Bを合わせて溶かし、④に混ぜます。

ガナッシュを作る

⑥ チョコレートを細かくきざみます。

⑦ 鍋に牛乳と生クリームを合わせて強火にかけ、沸とうしたら火を止め、チョコを加えて溶かします。バターも加え、溶かします。

⑧ 1/2量強をボールにとり、ボールを氷水にあて、混ぜながらさましてクリーム状にします。残りは湯せん（約50℃）にかけて保温し、とろりとした状態にしておきます。

デコレーション

⑨ シロップのラム酒以外の材料を鍋で温め、火を止めて、ラム酒を加えます。

⑩ スポンジシートは長い辺を3等分に切り、表面にシロップをはけでたっぷりしみこませますⓐ。

⑪ シートの上に、コーヒーバタークリーム2/3量ⓑ、シート、さましたガナッシュ、と塗り重ねてシートを3枚重ねます。上面に残りのバタークリームを塗り、保温しておいたガナッシュをかけますⓒ。

⑫ さめてガナッシュが固まったら、4辺を少し切って形を整え、金箔を飾ります。

紅茶のバターケーキ

バターケーキのコツはバターの扱い。定番のケーキでマスターします。

■卵が主役のスポンジケーキに対して、バターがたっぷり入ったケーキをバターケーキと呼びます。生地に風味づけやドライフルーツなどの具を加えて焼き、そのままいただくものが多く、しっとりとした生地が特徴です。作ってから2〜3日後がいちばんおいしくいただけます。

材料（18×8×6 cmのパウンド型1本分）

バター	100g
砂糖	90g
卵	2個
薄力粉	120g
ベーキングパウダー	小さじ½
牛乳	大さじ1
紅茶の葉*	大さじ1（4g）
ブランデー	大さじ1

〈シロップ〉

紅茶の葉	大さじ1
砂糖	大さじ1
水	大さじ3
ブランデー	大さじ1

オーブン　約180℃・40分

＊紅茶は、香りが高いものであれば、好みの種類でかまいません。アールグレイやダージリンはよく使われます。また、ティーバッグの葉なら、細かいので切らずにそのまま使えます。

＊パウンド型。バターケーキでよく使います。いろいろなサイズがあります。

準備

● バターは室温でやわらかくします（指で軽く押すと跡がつくくらいにします。1度溶けてしまうと再度固めても使えません）。

▲バターを薄く切ってボールに並べると早くやわらかくなります。そのまま生地を作るので、ボールは大きめがよいでしょう。

● 卵は室温にもどします。卵が冷たいと、バターと混ぜたときにバターが固まってしまい、分離しやすいからです。

▲バターにスムーズに混ぜこんでいくために、卵黄、卵白に分けておきます。卵は割ったら早めに使います。

● 薄力粉はベーキングパウダーと合わせて2回ふるいます。砂糖は1回ふるいます。

● 具の下ごしらえをします。紅茶の葉大さじ1は、細かくします（ポリ袋に入れて、めん棒をころがすか、コーヒーミルで）。ブランデーをかけておきます。

45

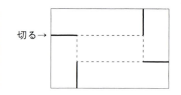

- 型の内側全体に型紙を敷きます。紙は、右図のように切るとよいでしょう。

- オーブンは約180℃に温めておきます。

ケーキ生地を作る

1

バターを泡立器でクリーム状にします。砂糖を2〜3回に分けて加え、白っぽくなるまですり混ぜます。

◀バターは空気を充分含んでくると、白っぽくなります。こうなると、あとから加える水分（卵）が分離せずに混ざります。
◀クリーム状のバターがやわらかくなりすぎるようなら、ボールを氷水に少しあてるとよいでしょう。

2

続いて、卵黄、卵白の順に少しずつ加え、そのつど生地をなめらかにしながら混ぜていきます。

分離した状態

◀バターに卵（水分）を混ぜていくときは、分離しやすいので、少しずつ慎重に。
◀万一分離してしまっても、ひどくなければ、次に加える粉を少し混ぜると、なめらかになります。

3

さらに、牛乳、紅茶の葉を順に混ぜます。ゴムべらにかえ、粉を加えて、底からすくい上げるように混ぜます。粉気がなくなり、生地に少しつやが出るまで混ぜます。

◀粉を加えたら、練らずに、上下を入れかえるつもりで混ぜます。粉がなじむ程度によく混ぜます。

焼く

4

生地を型に入れ、ゴムべらで隅々まで生地を入れます。オーブン皿にのせ、約180℃のオーブンで40分焼きます。

◀生地少々を、型と紙の間に数か所、のりがわりにつけてとめると、紙が倒れず、生地を入れやすくなります。
◀型の中央の生地は少しへこませます。こうすると、中央が盛り上がりすぎず、火通りも均一になります。
◀生地ができたら、時間をおかずに焼きます。
◀焼きあがりの見方は、ケーキの中央を軽くさわると軽い弾力があり、さらに竹串を刺して生地がついてこなければOKです。

仕上げる

5

焼いている間にシロップを作ります。鍋にブランデー以外の材料を入れ、紅茶を濃いめに煮出します。茶こしでこして、ブランデーを加えます。

6

焼きあがったら、20cmほどの高さから、型ごとケーキを落とします。型からはずして網にのせます。紙をはがして、熱いうちにシロップをはけで全体に塗ります。ふきんをかけ、さまします。

◀オーブンから出してすぐ、型を落とすのは、焼き縮みを少なくするためです。
◀さめたら、ラップで包んで、乾燥しないようにします。

47

パイナップルケーキ

プレゼントにも喜ばれる、かわいらしい形で焼いてみてはいかがでしょう。

材料（直径15cm・約600cc蛇の目型1個分）

バター	70g
砂糖	60g
卵	2個
A｛薄力粉	120g
ベーキングパウダー	小さじ½
パイナップル（缶詰・輪切り）	4枚
パイナップル缶汁	100cc
レモン汁	大さじ½
ブランデー	大さじ1

〈型塗り用〉

バター	少々
グラニュ糖	小さじ2

オーブン　約180℃・30分

＊カップケーキにしてもかわいらしい。カップ5～6個分で、焼き時間は控えめに。

準備

● バターは室温でやわらかくします。卵は室温にもどし、卵黄と卵白に分けます。
● Aは、合わせて2回ふるいます。砂糖は1回ふるいます。
● 型にバターを薄く塗り、全体にグラニュ糖をふります。

生地を作る

① パイナップル2枚は半分に切り、厚みも半分にします（飾り用）。残り2枚は約5mm角に切ります。一緒に鍋に入れ、缶汁も加えて、ほとんど汁気がなくなるまで煮ます。飾り用と角切りとに分けておきます。

② 大きめのボールにバターを入れ、泡立器でクリーム状にします。砂糖を2～3回に分けて加え、白っぽくなるまですり混ぜます。

③ 続いて、卵黄、卵白の順に少しずつ加え、そのつど生地をなめらかにしながら混ぜていきます。

④ レモン汁、ブランデーを混ぜます。ゴムべらにかえ、Aを加えて、底からすくい上げるように混ぜ、角切りのパイナップルも加えて、粉気がなくなるまで混ぜます。

焼く

⑤ 型に飾り用のパイナップルを並べ、生地を入れます❶。約180℃のオーブンで30分焼きます。

⑥ 焼きあがったら、あら熱をとり、竹串で型のまわりを1周して、型をはずします。

ナッツケーキ

上にのったクラムが、カントリーっぽい表情で、いかにもおいしそう。

50

材料（直径21cmタルト型1個分）

バター	100g
三温糖	70g
卵	2個
A 薄力粉	120g
ベーキングパウダー	小さじ½
オールスパイス	小さじ1
ブランデー	大さじ1

〈カラメルソース〉

砂糖	30g
水	大さじ½
湯	大さじ2

〈ナッツ〉

くるみ	70g
ピスタチオ（殻なし・無塩）	30g

〈クラム〉

くるみ	40g
薄力粉	40g
三温糖	40g
バター	40g

オーブン　約180℃・35分～40分

＊ナッツは、中身分100g＋クラム分40gになれば、好みのものでかまいません。あらかじめ、軽く焼いて使います。

準備

● 生地用のバターは室温でやわらかくします。クラム用のバターは1cm角に切って、冷蔵しておきます。卵は室温にもどし、卵黄と卵白に分けます。

● Aは合わせて2回ふるいます。三温糖は1回ふるいます。

● くるみ（クラム分も）はオーブン皿に広げ、約180℃のオーブンで6〜7分、軽く焼き色がつく程度に焼き、あらくきざみます。ピスタチオも3〜4分焼きます。

● 型に型紙を敷きます。

クラム、カラメルを作る

① ボールにクラムの薄力粉、三温糖、バターを入れ、バターを指でつぶしながら、全体をパラパラのそぼろ状にします。くるみを合わせて冷蔵しておきます。

② カラメルソースの砂糖と水を鍋に混ぜ、中火にかけます。時々鍋をゆすって熱します。色づきはじめたら手早く鍋をゆすり、茶色になったら火からおろして、湯を加えます。鍋を少し火にかけ、全体を均一にします。

ケーキ生地を作る

③ 大きめのボールにバターを入れ、泡立器でクリーム状にします。三温糖を2〜3回に分けて加え、白っぽくなるまですり混ぜます。

④ 続いて、卵黄、卵白の順に少しずつ加え、そのつど生地をなめらかにしながら混ぜます。

⑤ さらにカラメルソース、ブランデーを混ぜます。ゴムべらにかえ、ナッツを混ぜます。Aを加えて、底からすくい上げるように、粉気がなくなるまで混ぜます。

焼く

⑥ 型に生地を入れ、表面全体にクラムを散らします。約180℃のオーブンで35〜40分焼きます。

⑦ 焼きあがって、あら熱がとれたら、型からはずしてさまします。

バナナケーキ

しっとりとして風味の高いケーキ。アイシングはケーキのお化粧です。

材料（直径14cmクーグルフ型1個分）
バター……………………………100g
砂糖………………………………70g
卵…………………………………2個
A ┌薄力粉……………………120g
　└ベーキングパウダー…小さじ2/3
バナナ(完熟)……1本(正味約100g)
レモン汁………………………大さじ1/2
バナナリキュール(またはラム酒) 大さじ1

〈型塗り用〉バター・強力粉各少々

〈アイシング〉
粉糖………………………………20g
レモン汁………………………小さじ1

オーブン　約180℃・40〜45分

＊クーグルフは球や男子帽の意味があり、王冠形をしたオーストリアの伝統的なお菓子の形です。型は中心の火通りがよく、お菓子やパンによく使います。

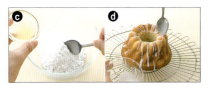

準備
● バターは室温でやわらかくします。卵は室温にもどし、卵黄と卵白に分けます。
● Aは合わせて2回ふるいます。砂糖は1回ふるいます。
● 型にはバターを薄く塗り、粉を茶こしでふって余分を落とします。

生地を作る

① バナナはフォークでつぶし、レモン汁をふります。
② 大きめのボールにバターを入れ、泡立て器でクリーム状にします。砂糖を2〜3回に分けて加えて、白っぽくなるまですり混ぜます。
③ ②に卵黄、卵白の順に少しずつ加え、そのつど生地をなめらかにしながら混ぜていきます。
④ 続いて、バナナを加えて泡立て器で混ぜ❶、バナナリキュールを混ぜます。ゴムべらにかえ、Aを加えて、底からすくい上げるように、粉気がなくなるまで混ぜます。

焼く

⑤ 生地を型に入れ、ふくらみやすい中央をへこませます❷。約180℃のオーブンで40〜45分焼きます。
⑥ 焼きあがったら、あら熱をとり、型をはずします。

アイシングを作り、飾る

⑦ ケーキがさめたら、アイシングの材料を混ぜ❸、スプーンでケーキにかけます❹。

▲アイシングはケーキやクッキーの仕上げにかけたり、塗ったりします。アイシングはこのほかに、文字や線描きに向く、卵白に粉糖を混ぜるもの（卵白10gに粉糖65gの割合）もあります。

フルーツケーキ

フルーツを長く漬けなくても、思いたったらすぐ作れる、おいしいレシピです。

材料（18×5.5×4cmパウンド型2本分）

- バター……………………100g
- 三温糖……………………80g
- 卵…………………………2個
- A
  - 薄力粉…………………80g
  - ベーキングパウダー…小さじ½
  - ココア…………………小さじ2
  - シナモン………………小さじ½
  - ナツメグ………………少々
- B
  - レーズン………………60g
  - オレンジピール*………60g
  - くるみ…………………20g
  - ラム酒…………………大さじ2
  - ブランデー……………大さじ2
- C
  - くるみ…………………8粒
  - プルーン………………8個
- D
  - あんずジャム…………大さじ1
  - ブランデー……………大さじ1

オーブン　約180℃・35〜40分

*18×8×6cmのパウンド型なら1本分の分量です。焼き時間は5分ほど長めに。
*オレンジピールはオレンジの皮の砂糖煮。製菓材料コーナーで扱っています。

準備

- バターは室温でやわらかくします。卵は室温にもどし、卵黄と卵白に分けます。
- Aは合わせて2回ふるいます。三温糖は1回ふるいます。
- くるみはオーブン皿に広げ、約180℃のオーブンで約7分、軽く焼き色がつく程度に焼きます。レーズン、オレンジピールとともに5mm角にきざみます。Bの材料は混ぜます。
- 型に型紙を敷きます。

生地を作る

① 大きめのボールにバターを入れ、泡立て器でクリーム状にします。三温糖を2〜3回に分けて加え、白っぽくなるまですり混ぜます。

② 続いて、卵黄、卵白の順に少しずつ加え、そのつど生地をなめらかにしながら混ぜていきます。

③ BにAを大さじ2ほど加えてまぶしてから、②に加え、ゴムべらで混ぜます。Aを加えて、底からすくい上げるように、粉気がなくなるまで混ぜます。

焼く

④ 型に生地を入れます。上にCを飾ります。約180℃のオーブンで35〜40分焼きます。

⑤ 焼きあがったら、あら熱をとり、型をはずします。

⑥ Dを混ぜ、表面にはけで塗ります。

粉少々をまぶしておくと、具が沈みにくくなります。

レモンケーキ

上品でさわやかな味。ティーパーティーにいかがでしょう。

材料(18×5.5×4cmパウンド型2本分)
バター……………………100g
砂糖………………………70g
卵…………………………2個
A ┌ 薄力粉……………140g
　 └ ベーキングパウダー‥小さじ½
レモンの皮のすりおろし……1個分
レモンリキュール(またはキルシュ)‥大さじ1

〈シロップ〉
レモンの皮のせん切り……1個分
レモン汁………………大さじ2
砂糖……………………大さじ4
水………………………大さじ3
レモンリキュール………大さじ1

オーブン　約180℃・30～35分

＊レモンは全部で2個使います。皮のすりおろしやせん切りは、ごく表面を使い、白い部分はにがくなるので入れません。
＊18×8×6cmのパウンド型なら1本分の分量です。焼き時間は5分ほど長めに。

準備
● バターは室温でやわらかくします。卵は室温にもどし、卵黄と卵白に分けます。
● Aは合わせて2回ふるいます。砂糖は1回ふるいます。
● 型に型紙を敷きます。

生地を作る
① 大きめのボールにバターを入れ、泡立器でクリーム状にします。砂糖を2～3回に分けて加え、白っぽくなるまですり混ぜます。
② 続いて、卵黄、卵白の順に少しずつ加え、そのつど生地をなめらかにしながら混ぜていきます。
③ レモンの皮 ⓐ、レモンリキュールも混ぜます。ゴムべらにかえ、Aを加えて、底からすくい上げるように、粉気がなくなるまで混ぜます。

焼く
④ 生地を型に入れます。約180℃のオーブンで30～35分焼きます。
⑤ リキュール以外のシロップの材料を鍋に入れ、煮立ってから1分ほど煮つめます。あら熱をとり、レモンリキュールを加えます。
⑥ 焼きあがったら、あら熱をとり、型をはずします。
⑦ 熱いうちに⑤のシロップをはけで塗って、レモンの皮は上に飾ります。さめたら乾燥しないようにラップに包みます。

便利な小道具
はけ　竹串　茶こし

はけは、シロップをしみこませるときに、塗るというより水分を移すように使うのがコツです。ジャムや、つやかんてんを塗るときも同様です。竹串は、ケーキの焼きあがりをみたり、細かいものを飾るときに箸がわりに使います。茶こしは粉糖をふる、レモン汁をこすなどに。

57

ザッハトルテ

ウイーンのホテルザッハの名物として愛されるオーストリアの銘菓です。

材料（丸型1個分）

	直径 15cm	18cm
バター（食塩不使用）	70g	100g
砂糖	30g	50g
卵黄	2個分	3個分
卵白	2個分	3個分
砂糖	20g	30g
スイートチョコレート	50g	70g
薄力粉	60g	90g
〈ガナッシュ〉		
スイートチョコレート	140g	200g
生クリーム	70cc	100cc
ブランデー	大さじ1	大さじ1½
〈仕上げ〉		
A { あんずジャム	50g	70g
ブランデー	大さじ⅔	大さじ1
オーブン 約180℃	25〜30分	30〜35分

バターケーキで重たい生地の場合は、卵白をメレンゲにして混ぜ、軽さを出します。

準備
● バターは室温でやわらかくします。卵は室温にもどし、卵黄と卵白に分けます。
● 薄力粉は2回ふるいます。砂糖は1回ふるいます。型に型紙を敷きます。
● チョコレートは全部細かくきざみます。

ケーキ生地を作る
① 生地用のチョコレートは湯せん（50〜60℃）にかけて溶かし、人肌にさまします。
② ボールで卵白を泡立て、途中砂糖を加えながら、ツノが立つまで泡立てます。

▲続く③④は、このメレンゲがだれないうちに手早く作業しましょう。

③ 大きめのボールにバターを入れ、泡立器でクリーム状にします。砂糖を2〜3回に分けて加え、白っぽくなるまですり混ぜます。
④ 続いて、卵黄1つずつ、溶かしたチョコレートを順に加えて混ぜ、なめらかにします。
⑤ さらに、半量のメレンゲを混ぜ❶、ゴムべらにかえて、粉、残りのメレンゲの順に加え、底からすくい上げるように混ぜます。

焼く
⑥ 生地を型に入れ、中央を少しくぼませます。約180℃のオーブンで25〜35分焼きます。焼きあがったら、乾いたふきんに型ごとふせて、1〜2分むらすと同時に表面を平らにします。型紙をとり、型をのせてさまします。

ガナッシュを作る
⑦ ボールにチョコを入れます。鍋で生クリームを沸とうさせ、すぐボールに加えてチョコを溶かします。ブランデーを加えます。
⑧ 約¼量を別のボールにとり分け、泡立てながらさまして、ポッタリとした状態にします（下塗り用）。残りは約50℃の湯せんにかけて、とろとろの状態に保温しておきます（上塗り用）❷。

仕上げる
⑨ ケーキは厚みを半分に切ります。Aを混ぜ、半量を下のケーキに塗ります。上のケーキは切り口を上にしてのせ、Aの残りを全体に塗ります。ケーキ全体に下塗り用のチョコレートを塗ります❸。
⑩ オーブン皿やボールに網をのせてケーキをのせます。続いて、上塗り用のチョコレートを流しかけます❹。ケーキを動かし、均一にします。乾いたら、皿にとります。

59

りんごのアップサイドダウンケーキ
型を逆さにしてとり出すと、カラメルがしっとりとからんでおいしそう。

材料（直径18cm丸型底が抜けるタイプ１個分）

バター	100g
砂糖	70g
卵	2個
A　薄力粉	120g
シナモン	小さじ1
ベーキングパウダー	小さじ½
ブランデー	大さじ2

〈型塗り用〉
バター	少々

〈カラメルソース〉
B　砂糖	50g
水	大さじ1
湯	50cc

〈りんご飾り〉
りんご（紅玉）*	2個
水	カップ1
砂糖	20g

オーブン　約180℃・40分

＊りんごは、酸味があって香りが高い紅玉がおすすめです。

＊型は、はちみつ（うすめの濃度）が流れ出ないくらいの密閉性があるものを使います。

すぐ色づくので、湯を用意しておきます。

準備
● バターは室温でやわらかくします。卵は室温にもどし、卵黄と卵白に分けます。
● Aは合わせて2回ふるいます。砂糖は1回ふるいます。
● 型にバターを薄く塗ります。

りんごを煮る
① りんごは皮をむいて、1.5cm厚さの輪切りにし、芯をくり抜きます。鍋にりんご、水、砂糖を入れて、汁気がなくなるまで煮て、さまします。

カラメルソースを作る
② 鍋にBを入れて混ぜておきます。
③ 中火にかけ、時々鍋をゆすって熱します。色づきはじめたら手早く鍋をゆすり❶、茶色になったら火からおろして、湯を加えます。鍋を少し火にかけ、全体を均一にします。
④ 型にカラメルソースを流し入れます。りんごを並べます❷。

生地を作る
⑤ 大きめのボールにバターを入れ、泡立器でクリーム状にします。砂糖を2〜3回に分けて加え、白っぽくなるまですり混ぜます。
⑥ 続いて、卵黄、卵白の順に少しずつ加え、そのつど生地をなめらかにしながら混ぜていきます。ブランデーを混ぜます。
⑦ ゴムべらにかえ、Aを加えて、底からすくい上げるように、粉気がなくなるまで混ぜます。

焼く
⑧ 生地を型に入れます。約180℃のオーブンで40分焼きます。
⑨ 焼きあがったら、熱いうちに型の周囲にナイフを入れて、ケーキを皿に返します。りんごもきれいに離れたら、再び型をふんわりとかぶせて、ケーキがさめるまでおき、形を落ち着かせます。

61

ブルーベリーマフィン
ブルーベリーと相性のいい、ヨーグルトの酸味も加えました。おやつにもどうぞ。

材料（約100ccのカップケース8個分）

バター	120g
砂糖	140g
卵	2個
プレーンヨーグルト	80g
A 薄力粉	200g
ベーキングパウダー	小さじ1½
ブルーベリー（缶詰）	約160g
キルシュ	大さじ2

オーブン　約180℃・25〜30分

＊マフィンは小型のパンやお菓子のことをいい、お菓子ではカップケーキとも呼びます。マフィン型、紙カップ、アルミケースなど、容器はいろいろ市販されています。容量、素材によって、焼き時間が多少違います。

準備

● バターは室温でやわらかくします。卵は室温にもどし、卵黄と卵白に分けます。

● Aは合わせて2回ふるいます。砂糖は1回ふるいます。

● ブルーベリーはざっと汁をきり、ボールにとってキルシュをふっておきます。

生地を作る

① 大きめのボールにバターを入れ、泡立器でクリーム状にします。砂糖を2〜3回に分けて加え、白っぽくなるまですり混ぜます。

② 続いて、卵黄、卵白の順に少しずつ加え、そのつど生地をなめらかにしながら混ぜていきます。続いて、ヨーグルトを混ぜます。

③ ゴムべらにかえ、Aを加えて、底からすくい上げるように混ぜ、粉気がなくなったら、ブルーベリーを加えて**ⓐ**、大きく混ぜます。

④ 生地をケースの8分目まで入れます。約180℃のオーブンで25分〜30分焼きます。

型離れをよくするために

● 生地の型離れをよくするために、型紙を敷いたり、バターなどの油脂を塗ったりします。使い分けに決まりはありませんが、一般に焼き色を薄くしたい場合や型離れがしにくい場合には型紙を敷きます。焼きっぱなしの素朴な焼き色にしたい場合や、型紙が敷きにくい場合には、油脂を塗ります。

● 型に塗る油脂は、バター、マーガリン、ショートニングのいずれでもかまいません。さらに、強力粉（なければ薄力粉）をふると、より型離れしやすくなります。余分な粉は落とします。

ブラウニー

欧米で古くから親しまれる、ケーキとクッキーの中間のような焼き菓子。

材料(22cm角のオーブン皿または角型1個分)
チョコレート ·················150g
バター······················100g
ブラウンシュガー ···········150g
卵······························3個
｛薄力粉······················150g
　ベーキングパウダー ··小さじ1
カシューナッツ、アーモンドホールなど
·····························120g
牛乳 ·····················大さじ2
ブランデー···············大さじ2

オーブン　約180℃・30〜35分

＊オーブン皿が大きければ、アルミホイルで仕切って調節してもよいでしょう。

＊ブラウンシュガー(右)はコクのある甘味と色が特徴で、カントリー調のお菓子によく合います。なければ三温糖(左)でもよいでしょう。

＊ナッツはくるみやピーナッツなどお好みで。スライスアーモンドの場合は、乾燥焼きの時間は5〜6分です。ピーナッツは乾燥焼きが不要です。

準備
● 薄力粉はベーキングパウダーと合わせて2回ふるいます。ブラウンシュガーは1回ふるいます。卵は室温にもどし、ほぐします。
● ナッツはオーブン皿に広げ、約180℃のオーブンで10〜12分、軽く焼き色がつく程度に焼きます。あらくきざみます。
● オーブン皿や型に型紙を敷きます。

生地を作る
① チョコレートをあらくきざんでボールに入れ、湯せん(50〜60℃)にかけます。溶けてきたら、バターも加えて一緒に溶かします**ⓐ**。湯せんをはずします。
② 続いて、ブラウンシュガー、とき卵、牛乳、ブランデー、粉、ナッツの順にボールに加えながら、ホイッパーで混ぜていきます。

焼く
③ 型に生地を入れます**ⓑ**。約180℃のオーブンで30〜35分焼きます。
④ 焼きあがったら、あら熱をとり、型をはずしてさまします。好みの大きさに切り分けます。

このボールで生地を作っていきます。

マドレーヌ

定番の焼き菓子。バターを湯せんにして加えるバターケーキは、しっとりした生地です。

材料（シェルマドレーヌ型18個分）

バター・・・・・・・・・・・・・・・・・・・・・・・・・130g
砂糖・・・・・・・・・・・・・・・・・・・・・・・・・・・130g
卵・・・・・・・・・・・・・・・・・・・・・・・・・・・・・2個
A ┌ 薄力粉・・・・・・・・・・・・・・・・・・・100g
　│ アーモンドパウダー・・・・・30g
　└ ベーキングパウダー・・小さじ1/3
バニラオイル・・・・・・・・・・・・・・・・・・少々
（あれば）アマレット＊・・大さじ1

〈型塗り用〉
バター・強力粉・・・・・・・・・・・・・各少々

オーブン　約180℃・20分

＊アマレットは、アーモンドの香りがするリキュール。

＊マドレーヌ型。貝の形、丸形が定番です。フィナンシェ型（金塊形）やタルトレット型も利用できます。丸型は紙型も市販されています。

準備

● バターは、湯せんにかけて溶かしておきます。
● 卵は室温にもどし、ほぐします。
● Aは合わせて万能こし器で2回ふるいます。砂糖は1回ふるいます。
● 型にバターを塗ります。粉を茶こしでふるいかけ、型を逆さにして余分を落とします。

生地を作る

① 大きめのボールに、Aと砂糖を入れてざっと混ぜ、卵を加えて泡立器でよく練り混ぜます。続いて、溶かしバター、バニラオイルを混ぜ、あればアマレットも加えます。

② とろりとなめらかになり、つやが出てきたらできあがりです。ラップをかけて、生地を30分以上休ませます。

　▲休ませることで、よりしっとりとした仕上がりになります。

焼く

③ 型に生地を7〜8分目ずつ入れます。約180℃のオーブンで20分焼きます。

④ 焼きあがったら、1〜2分おいて型からはずします。

ガトーショコラマロン

粉が少なく、しっとりとリッチ。大人っぽい表情のケーキは、特別な日に。

材料（丸型底が抜けるタイプ1個分）		
直径	15cm	18cm
スイートチョコレート	50g	80g
バター（食塩不使用）	50g	80g
卵黄	1½個分	2個分
砂糖	20g	30g
卵白	1½個分	2個分
塩	少々	少々
砂糖	30g	50g
薄力粉	20g	30g
ブランデー	大さじ⅔	大さじ1
栗の甘露煮	70g	100g
ブランデー	大さじ⅔	大さじ1
〈型塗り用〉		
バター・強力粉	各少々	各少々
オーブン 約180℃	40分	45分

チョコレートを溶かすときは、直火でなく湯せんにかけると、風味が落ちません。

準備
● バターは室温でやわらかくします。卵は室温にもどし、卵黄と卵白に分けます。
● 栗の甘露煮は5mm角に切り、ブランデーをふりかけておきます。
● 薄力粉、砂糖はそれぞれ1回ふるいます。
● 型にバターを塗ります。粉を茶こしでふるいかけ、型を逆さにして余分を落とします。

生地を作る
① チョコレートをあらくきざんでボールに入れ、湯せん（50～60℃）にかけて溶かし、バターも加えて溶かします**ⓐ**。そのまま温かくしておきます。

② ボールで卵白を泡立てます。はじめに塩を加えて泡立て、泡立ってきたら砂糖を2～3回に分けて加え、しっかりしたメレンゲを作ります。

③ 大きめのボールに卵黄と砂糖を入れ、泡立器で白っぽくなるまですり混ぜます。ブランデーを加えます。

④ 栗に、分量の粉の一部少々を混ぜます。③に①を入れて泡立器で混ぜ、メレンゲ半量を混ぜます。ゴムべらにかえ、栗**ⓑ**、粉、残りのメレンゲ、の順に加え、底をすくい上げるように混ぜます。

焼く
⑤ 型に生地を入れます。約180℃のオーブンで40～45分焼きます。焼きあがったら、あら熱をとり、型をはずします。

　▲焼きあがりはふっくらとしていますが、さめると表面が沈んで、カサカサとした表情になります。

タルト
tart

■タルトは「お皿状の菓子」の意味。さっくり焼いたタルト皮に、クリームやフルーツを詰めたり、アーモンドプードル入りの生地などを詰めて、さらに焼いたりします。

■生地を休ませる時間がいるので、時間に余裕をもって作りましょう。生地は冷凍もできます。

基本材料

直径	18cm	22cm
バター	60g	90g
砂糖	20g	30g
卵	1/3個	1/2個
薄力粉	100g	150g
打ち粉(強力粉)	少々	少々

ポリ袋(幅約25cm)

準備

- バターは室温でやわらかくします（指で軽く押すと跡がつくくらいに）。

  ▲バターを薄く切って大きめのボールに並べると、早くやわらかくなります。そのボールで生地を作っていきます。

- 卵はほぐします。

  ▲卵は冷たすぎると、バターと混ぜたときにバターが固まってしまい、分離しやすくなります。

- 薄力粉は2回、砂糖は1回ふるいます。

＊タルト型。とり出しやすいように底が抜けます。タルト形の陶器やガラスの耐熱皿の場合は、焼き時間を長くします。

生地を作る

1

バターを泡立器でクリーム状にします。砂糖を加えて、白っぽくなるまですり混ぜます。

◀バターは空気を充分含んでくると、白っぽくなります。こうなれば、あとから加える水分（卵）が分離せずに混ざります。

2

続いて、卵を2～3回に分けて加え、そのつど生地をなめらかにしながら混ぜていきます。

3

ゴムべらにかえ、薄力粉を加えて、切っては底を返すように混ぜ、粉気がほぼなくなるまで混ぜます。手で生地を重ねて押しつけるようにし、ひとかたまりにまとめます。

◀粉の混ぜ方は、練らないように。

4

ポリ袋に打ち粉を入れてふり、まとめた生地を入れて、冷蔵庫に1時間おきます。

◀生地を休ませると、かたくなって扱いやすくなると同時に、焼き縮みが少なくなります。
◀生地は冷凍できます（2～3週間）。ラップなどでしっかり包んで冷凍します。
◀冷蔵庫に入れば、**5**のように生地をのばしてから冷蔵してもかまいません。出してすぐ型に敷きこめます。

生地をのばして型に敷く

5

めん棒でポリ袋の上から生地をのばし、型の直径＋高さ分の大きさにします。少し冷やしてしっかりさせます。

◀生地をきれいに型に敷きこむには、生地をかたすぎず、やわらかすぎずの状態にします。

6

袋を切り開き、生地を型にゆったりとのせます。型にそって生地をしっかり押さえ、めん棒をころがすか包丁で、余分な生地を落とします。

◀生地を型にのせるときは、生地をめん棒に軽く巻いて移動するとうまくいきます。

7

底をフォークでつついて空気穴をあけます（すぐ焼かないときは、焼くまで冷蔵します）。

◀底面の火通りがよいように、空気穴をあけます。

焼く

8

中央に小皿などの重しをのせて、オーブンで焼きます。目的の焼き具合まで焼き、型に入れたままさまします。

◀底面の生地がふくれてそらないように、軽い重しをのせます。重しには、調理用の丸皿や陶磁器の小皿、米（アルミホイルにのせる）などを使います。

◀タルト皮の焼き時間のめやす
〈薄く色づく程度に焼く〉
約190℃・10分（このあと具を詰めて再度焼く場合に）

〈しっかり焼く〉
約190℃・10分＋重しをはずしてさらに10分（このあと具を詰めるだけ）

洋酒の知識

お菓子にブランデーやリキュールなどの洋酒を加えると、味がひきしまり、ぐんとおしゃれな味になります。洋酒の種類は、素材の味に合わせたものを使います。同じ系統の洋酒ならかえることもできます。洋酒を風味づけ程度に使う場合は、その量は好みで増減できますし、子ども向けなら抜いてもかまいません。

ブランデー
白ワインの蒸留酒。比較的どんなお菓子にも合います。

ラム酒
さとうきびの蒸留酒。レーズンやチョコ、バナナなどのお菓子に。

オレンジリキュール
オレンジの香りを加えた蒸留酒。オレンジや柑橘類を使ったお菓子に。ホワイトキュラソー、コアントロー、グランマルニエなどがあります。淡泊な味のホワイトキュラソーはいろいろなお菓子に使えます。

コーヒーリキュール
カルーア、クレームドモカなどがあります。コーヒーやチョコレートのお菓子に。

キルシュ（キルシュワッサー）
さくらんぼのブランデー。さっぱりした香りで、フルーツのお菓子に。

＊ほかにも、洋なしのブランデー（ウイリアムス）、アーモンドのリキュール（アマレット）、レモン、ミント、カシス、ハーブのリキュールなどさまざまな洋酒があります。ミニチュアびんで売っているので、少量使うには便利です。

73

いちごのタルト

いちごもクリームもみんな大好き。必ず喜んでもらえるので、作りがいがあります。

材料（直径22cmタルト型1個分）

〈タルト生地〉
バター……………………90g
砂糖………………………30g
卵…………………………½個
薄力粉……………………150g
打ち粉（強力粉）…………少々

〈カスタードクリーム〉
卵黄………………………2個
砂糖………………………40g
薄力粉……………………15g
牛乳………………………200cc
バニラエッセンス………2～3滴
バター……………………10g

いちご……………………1パック

〈つやかんてん〉
水…………………………100cc
粉かんてん………………小さじ½
グラニュ糖………………40g

オーブン　約190℃・10分＋10分

タルト皮を作る
① P.70～72のとおりにタルト生地を作り、焼きます（約190℃で約10分、重しをはずしてさらに10分）。さまします。

カスタードクリームを作る
② ボールに卵黄、砂糖を入れてホイッパーで白っぽくなるまですり混ぜます。薄力粉を混ぜます。

③ 鍋に牛乳を入れ、沸とう寸前まで温めます。②のボールに牛乳を少しずつ混ぜます。こしながら鍋にもどし、強火にかけます。

④ 混ぜながら加熱し、とろみが出はじめたら一気に混ぜ、全体にふつふつと煮立ったら、火からおろします。バニラエッセンスを混ぜます。

⑤ ボールやバットに移して、表面にバターを広げ、ラップをかけてさまし、冷やします。

仕上げる
⑥ いちごは洗って、水気をふきます。タルト皮にカスタードクリームを入れます**ⓐ**。いちごを並べます。

⑦ 鍋に、つやかんてんの水、粉かんてんを混ぜます。火にかけて、沸とうしたらグラニュ糖を加え、1～2分煮立てます。

⑧ ⑦のあら熱がとれたら、かたまらないうちに、はけでいちごに塗ります**ⓑ**。

▲フルーツにつやかんてんを塗ると、つややかで、上品な感じになり、さらにフルーツの乾燥を防ぎます。一方、自然な印象にしたい場合は、つやかんてんを塗らずに仕上げます。

ミックスフルーツタルト

バナナやキウイフルーツ、オレンジなど、季節のフルーツをたっぷり盛って楽しみましょう（写真＝りんご、オレンジ、パパイヤ、ミント）。シュークリームのクリーム（P.112）のように、カスタードクリームにホイップクリームを混ぜたものを詰めても美味です。

タルトレット

小さな型でタルト皮を焼き、カスタードクリームや生クリームとフルーツを盛りこみます。

＊タルトレット型。木の葉やボート、ハートなどいろいろな形があります。タルトに使うほか、縁がシンプルなものならマドレーヌ（P.67）も作れます。

〈生地の敷きこみ方から〉

① 少しすき間をあけながら型を並べ、生地を全体にゆったりとのせます。めん棒をころ

がして余分な生地を落とします。

② ひとつずつ指で押さえて型にぴったりと敷きこみます。

③ フォークで底に空気穴をたくさんあけます。そのまま重しなしで、約190℃のオーブンで焼き色がしっかりつくまで約10分焼きます。

④ カスタードクリーム（さらにホイップクリームをのせても）とフルーツを盛ります。

アプリコットタルト

アーモンドクリームを詰めた焼きタルトは、こっくりした味わいが自慢です。

材料（直径22cmタルト型1個分）

〈タルト生地〉
バター……………………………90g
砂糖………………………………30g
卵……………………………… 1/2個
薄力粉……………………………150g
打ち粉（強力粉）……………少々

〈アーモンドクリーム〉
バター……………………………70g
砂糖………………………………70g
卵………………………………1 1/2個分
アーモンドパウダー＊………70g
アマレット（またはキルシュ）＊‥大さじ2
あんずのシロップ煮（半割り）‥約10個
ブルーベリー（乾燥）…………15g
アマレット……………………大さじ1

〈つや用〉
あんずジャム……………大さじ2
アマレット ……………大さじ1 1/2

オーブン　約190℃・10分＋30分

＊アーモンドパウダーはアーモンドを粉末にしたもの。生地に入れると、コクが出てしっとり仕上がります。
＊アマレットは、アーモンドの香りがするリキュール。

バターをよく混ぜたほうが、卵が分離せずに入り、仕上がりもフワッとします。

粉気がなくなればできあがり。

タルト皮を作る
① P.70～72のとおりにタルト生地を作り、焼きます（約190℃・10分）。さまします。

フィリングを作る
② あんずは汁気をきっておきます。ブルーベリーはアマレットにつけて30分おきます。アーモンドパウダーは万能こし器などで1回ふるいます。

③ アーモンドクリームを作ります。ボールにバターを入れ、泡立器でクリーム状にします。砂糖を加え、白っぽくなるまですり混ぜます。卵をほぐして3～4回に分けて加え❶、すり混ぜます。アーモンドパウダーとアマレットを混ぜます❷。

焼く
④ タルト皮にアーモンドクリームを入れ、あんずを並べ❸、ブルーベリーを散らします。

⑤ 約190℃のオーブンで30分、よい焼き色に焼きます。

⑥ 焼きあがって1～2分したら、型から出して網にのせ、あんずジャムをアマレットでといて、はけで塗ります。

オレンジタルト

オレンジの風味と焼けた香ばしさが、口に広がります。熱いコーヒーとめしあがれ。

材料（直径22cmタルト型1個分）

〈タルト生地〉
- バター……………………90g
- 砂糖………………………大さじ1
- 卵…………………………½個
- 薄力粉……………………150g
- 打ち粉（強力粉）…………少々

〈オレンジ風味の
　　　アーモンドクリーム〉
- バター……………………70g
- 砂糖………………………70g
- 卵…………………………1½個
- A ┌ オレンジの皮（すりおろす） 1個分
　　├ コアントロー………大さじ2
　　└ アーモンドパウダー……70g
- オレンジ（Aの残り分）………1個

〈つや用〉
- あんずジャム……………20g
- コアントロー……………大さじ1

オーブン
約190℃・10分＋190℃・20分＋180℃・20分

タルト皮を作る
① P.70～72のとおりにタルト生地を作り、焼きます（約190℃・10分）。さまします。

フィリングを作る
② オレンジはごく表面の皮をすりおろし、あとは、16～18枚の薄切りにします。アーモンドパウダーは万能こし器などで1回ふるいます。

③ アーモンドクリームを作ります。ボールにバターを入れ、泡立て器でクリーム状にします。砂糖を加え、白っぽくなるまですり混ぜます。卵をほぐして、3～4回に分けて加え、すり混ぜます。Aを順に混ぜます。

焼く
④ タルト皮にアーモンドクリームを平らに詰め、約190℃のオーブンで20分、表面に薄い焼き色がつくまで焼きます。

⑤ 1度とり出して、オレンジの輪切りを並べ❶、再びオーブンに入れて、約180℃で20分、オレンジの皮が少しこげるくらいまで焼きます。

⑥ 熱いうちに、つや用のジャム、コアントローを混ぜたものをはけで塗り❷、さまします。

便利な小道具
パレットナイフ
ケーキカード

　クリームを塗る、生地の表面をならすといった作業は、きれいなお菓子を作るうえで欠かせません。パレットナイフは、お菓子の下にさしこんで、移動するときにも使います。ケーキカードは、ボールから生地をきれいにかき出せるほか、ボールの中でバターを切ったり（→P.85）、生地に切りこみを入れたり（→P.93）にも使えます。

81

りんごのタルト

りんごを生のまま焼きこみ、素朴な味を生かしたタルトです。

材料（直径22cmタルト型1個分）

〈タルト生地〉
- バター ……………………… 90g
- 砂糖 ………………………… 30g
- 卵 …………………………… ½個
- 薄力粉 ……………………… 150g
- 打ち粉(強力粉) …………… 少々

〈アーモンドクリーム〉
- バター ……………………… 50g
- 砂糖 ………………………… 50g
- 卵 …………………………… 1個
- アーモンドパウダー ……… 50g
- ラム酒* …………………… 大さじ1

〈飾り〉
- りんご* …………………… 3個
- ラム酒 ……………………… 大さじ2
- A ｛ シナモン ……………… 小さじ1
      グラニュ糖 …………… 大さじ½
- B ｛ 溶かしバター ………… 20g
      グラニュ糖 …………… 大さじ1
- 粉糖 ………………………… 大さじ1

オーブン　約190℃・10分＋170℃・30分

＊りんごは、酸味があったり、実がしっかりしているので、紅玉、ジョナゴールド、王林などがおすすめです。
＊ラム酒の代わりに、カルバドス（りんごのブランデー）を使うと、よりりんごの風味が引き立ちます。

タルト皮を作る
① P.70〜72のとおりにタルト生地を作り、焼きます（約190℃・10分）。さまします。

フィリングを作る
② りんごは皮をむいて、16等分ずつに切ります。うすい塩水に通して、水気をきり、ラム酒をふります。アーモンドパウダーは万能こし器などで1回ふるいます。

③ アーモンドクリームを作ります。ボールにバターを入れ、泡立器でクリーム状にします。砂糖を加え、白っぽくなるまですり混ぜます。卵をほぐして、3〜4回に分けて加え、すり混ぜます。アーモンドパウダーとラム酒を混ぜます。

焼く
④ タルト皮にアーモンドクリームを入れます 。Aを混ぜて全体にふります。りんごを縁のほうから並べ 、りんごにBの溶かしバターを塗って、グラニュ糖をふります。

⑤ 約170℃のオーブンで30分焼きます。完全にさめてから、茶こしで粉糖をふります。

クリームが溶けるので、タルト皮がさめてから入れます。

パイ
Pie

■2種類のパイ生地をご紹介します。粉とバターを合わせて、切っては重ねて生地にするアメリカンパイと、粉とバターの生地に、さらに板状のバターを折り重ねる折りパイです。

■アメリカンパイは、折りパイに比べると層が少ない分手軽に作れ、フィリングを詰めて楽しみます。折りパイは層がかさ高く仕上がり、パイそのものの味を堪能できます。

◀バターが溶けないように、室温が20℃くらいの涼しいところで作業をすると、パイは作りやすくなります。

アメリカンパイ

準備

● バターは冷蔵してかたくしておきます。

▲さっくりした層を出すポイントのひとつは、バターのかたさです。粉と合わせたときに、混ざらないほどのかたさがよく、生地を焼いたときに層ができてさっくりします。バターがやわらかいと、かたいクッキーのような仕上がりになります。

● 薄力粉は2回ふるいます。

材料（直径19cmパイ皿1枚分）

薄力粉……………………120g
バター（混ぜこみ用）………60g
冷水………………………約40cc
打ち粉（強力粉）………大さじ2

＊作りやすい最少量です。

パイ生地を作る

1

ボールに粉とバターを入れ、ケーキカードやスケッパーなどでバターを切りながら粉と合わせていきます。

2

バターが1cm角くらいになったら、冷水を加減して加え、ざっと混ぜて、粉っぽさが残るものの、どうにかひとつにまとまる程度にします。

◀バターと粉の層を作るために、バターは小さすぎないようにします。
◀粉気がなくなるまで水を加えすぎると、層が出なくなります。水は10℃以下の冷水を使います。温かいと、小麦粉のねばりが出て、かたい生地になるからです。

3

台に打ち粉をふり、**2**の生地をのせます。ケーキカードなどで半分に切って、重ねて押すことを、3～4回くり返します。ひとかたまりになってきたら、約12cm角にまとめます。ラップに包み、冷蔵庫に1～2時間おいて、生地を休ませます。

◀生地は混ぜずに、切って重ねながら層を作っていきます。
◀生地を休ませると、のばしやすくなり、焼いたときに焼き縮みも少なくなります。

4

めん棒で生地を押さえてから、約12×36cmにのばします。長い辺を3つ折りにします。生地の向きを90度かえ、のばしてたたむことを合計3回くり返します。

◀生地は冷凍できます（2～3週間）。ラップなどでしっかり包んで冷凍します。

85

焼く

5

生地をパイ皿より大きめ（直径約25cmの円）にのばします。厚さは3mmくらいになります。パイ皿にそわせてのせ、余分の生地を包丁で落とします。

6

落とした生地を重ねてまとめ、再び細長くのばして、1.5mm幅の帯に切ります。下の生地に水をはけで塗り、パイの縁に一周重ねます。フォークで周囲を押さえます。

◀パイの生地と生地をつける場合は、水や卵液を塗ります。層ができにくくなるので、生地の切り口にはつかないようにします。また卵液は、つやよい焼き色にしたい場合にも塗ります。

7

火通りをよくするために、底にフォークで空気穴をあけます。軽い重しをのせて、約210℃のオーブンで目的の焼き具合まで焼きます。型に入れたまさまします。

◀重しには、小皿や調理皿、製菓用の重し、米（アルミホイルにのせる）などが使えます。
◀パイの焼き時間のめやす

〈薄く色づく程度に焼く〉
約210℃・10〜15分（具を詰めて再度焼く場合に）

〈しっかり焼く〉
約210℃・25分

折りパイ

材料(直径19cmパイ皿1枚分)
薄力粉……………………200g
強力粉……………………50g
バター(混ぜこみ用)………40g
冷水………………100〜120cc
バター(折りこみ用)………160g
打ち粉(強力粉)………大さじ2

＊作りやすい最少量です。

準備
- 強力粉、薄力粉は合わせて2回ふるいます。
- 折りこみ用のバターは厚みを半分に切って合わせ、約15cm角の板状にめん棒でのばして❶、冷蔵しておきます(ポリ袋に入れるとのばしやすい)。

パイ生地を作る

1 ボールに粉とバター(混ぜこみ用)を入れ、ケーキカードやスケッパーなどでバターを切りながら粉と合わせていきます。バターが5mm角くらいになったら❷、P.85の**2**、**3**と同様にします。約15cm角の板状にまとめ、ラップに包んで冷蔵庫で生地を休ませます(30分〜1時間)。

2 台に打ち粉をふって、生地をのせ❸、25cm角にのばします。折りこみ用のバターを対角線上にのせます❹。空気を入れないように生地をかぶせて、しっかりとじます。

▲室温は低いほうが、バターがやわらかくならず、作業がしやすい。

3 めん棒で生地を押さえてから、約15×45cmにのばします。長い辺を3つ折りにします❺。生地の向きを90度かえ❻、のばしてたたむことを合計3回くり返します。

▲バターがかたいので、粉とバターがなじむまで、はじめは少しずつのばし、あとはバターがやわらかくならないうちに手早くします。
▲生地は冷凍できます(2〜3週間)。

焼く

4 目的の形や厚さに生地をのばし、端を切って形にし、焼きます。焼き方は、アメリカンパイの**5〜7**と同様。

▲層が出るように、切り口は包丁やパイカッターできっぱり切ります。

アップルパイ

編みこみもようが、素朴で暖かい雰囲気。皮とフィリングのバランスが絶妙です。

材料（直径19cmのパイ皿1枚分）

〈折りパイ生地〉
薄力粉‥‥‥‥‥‥‥‥‥‥‥200g
強力粉‥‥‥‥‥‥‥‥‥‥‥50g
バター（混ぜこみ用）‥‥‥‥40g
冷水‥‥‥‥‥‥‥‥‥‥100～120cc
バター（折りこみ用）‥‥‥‥160g
打ち粉（強力粉）‥‥‥‥‥大さじ2

〈フィリング〉
りんごのプリザーブ
　｛ りんご（紅玉）‥‥‥3個（700g）
　　 砂糖‥‥‥‥‥‥‥‥‥‥‥100g
　　 シナモン‥‥‥‥‥‥‥小さじ½
　　 ブランデー‥‥‥‥‥‥大さじ1
パン粉‥‥‥‥‥‥‥‥‥‥‥‥10g

〈卵水〉
卵‥‥‥‥‥‥‥‥‥‥‥‥‥‥⅓個
水‥‥‥‥‥‥‥‥‥‥‥‥小さじ1

オーブン　約240℃・15分＋200℃・15分

パイ皮を作る
① P.87のとおりに折りパイ生地を作ります。

りんごのプリザーブを作る
② りんごは6つ割りにして、皮と芯をとります。3～4mm厚さのいちょう切りにします。

③ 鍋にりんご、砂糖を入れ、中火でふたをして約5分煮ます。りんごがすき通ってきたら強火にし、水分をとばします。

④ 火を止めて、シナモン、ブランデーをふり、ざるなどにとって自然に汁気をきります。

フィリングを詰めて焼く
⑤ パイ生地を2等分し、両方とも約25cm角にのばします。一方をパイ皿に敷いて、余分な生地は落とし、フォークで刺して空気穴をあけます。

⑥ パン粉を敷き、りんごのプリザーブをのせます**ⓐ**。

⑦ もう一方のパイ生地を16本の帯状に切ります。10本を格子状に編みながらパイの上にのせます**ⓑ**。余分は切り、縁の部分を卵水でとめます。縁に卵水を塗って、残り6本の生地を2重にのせます**ⓒ**。

⑧ 縁をフォークで一周して押さえます。卵水をパイ生地の表面に塗ります（断面には塗らないように）。

⑨ 約240℃のオーブンで15分焼き、層が出て薄い焼き色がついたら、200℃にして15分、色よく焼きます。

フルーツパイ

フルーツとパイの間に、さわやかなクリームを詰めて。優雅な午後のひとときに。

材料（23×11cm 1個分）

〈折りパイ生地〉
＊以下は折りパイ生地の作りやすい基本分量ですが、この半量を使います。

薄力粉……………………………200g
強力粉……………………………50g
バター（混ぜこみ用）…………40g
冷水 ……………………100～120cc
バター（折りこみ用）…………160g
打ち粉（強力粉）…………大さじ2
卵水（卵1/3個＋水小さじ1）

〈レモンカスタードクリーム〉
卵黄 ………………………… 2個分
砂糖………………………………40g
コーンスターチ……………… 20g
牛乳……………………………200cc
レモン汁…………………大さじ2
バター……………………………10g

〈飾り〉好みのフルーツ………適量

〈つやかんてん〉
水…………………………………70cc
粉かんてん……………小さじ1/3
グラニュ糖……………………30g

オーブン　約240℃・10分＋210℃・15分

重しは、パウンド型や、アルミホイルを形づくって米を薄く敷き詰めるなどします。

パイ皮を作る

① P.87のとおりに折りパイ生地を作り、半量を使います。

② パイ生地を23×16cmが切りとれる大きさにのばします。23×11cmを1枚と、23×2.5cmの帯を2本切りとります。生地の両端に卵水を塗り、帯を重ねますⓐ。卵水が生地の断面につかないようにします。

③ 底の部分にフォークで空気穴をあけます。帯の表面に卵水を塗ります。オーブン皿（オーブンシートを敷く）にのせ、底の部分に重しをのせますⓑ。

④ 約240℃のオーブンで約10分、薄い焼き色がつくまで焼き、210℃に下げて約15分、色よく焼きます。さまします。

レモンカスタードクリームを作る

⑤ ボールに卵黄、砂糖を入れて、ホイッパーで白っぽくなるまですり混ぜます。コーンスターチを混ぜます。

⑥ 鍋に牛乳を入れ、沸とうする寸前まで温めます。⑤のボールに少しずつ入れて混ぜます。こしながら鍋にもどし、中火にかけます。

⑦ 混ぜながら加熱し、とろみが出はじめたら一気に混ぜ、全体に濃度がついたらⓒ、火からおろします。ボールに移し、レモン汁を混ぜ、表面にバターを広げてさまします。

　▲粘りが出るようコーンスターチで作っているので、完全にさめるとかたくなります。ややぬくもりがあるくらいで、パイに詰めます。

仕上げる

⑧ フルーツは洗って水気をふき、好みの形に切ります。

⑨ パイ皮にレモンカスタードクリームを詰めⓓ、フルーツを並べます。

⑩ つやかんてんを作ります。鍋に水とかんてんを混ぜて火にかけ、沸とうしたらグラニュ糖を加え、1～2分煮て火を止めます。あら熱がとれたら、はけでフルーツに塗ります。

パイ菓子

残りのパイ生地で、おいしい一品が作れます。おしゃれなティータイムにぴったり。

リーフパイ（約15枚分）

パイ生地……………………150g
グラニュ糖……………………30g
打ち粉(強力粉)………………少々

オーブン　約210℃・10分

サクリスタン（約15本分）

パイ生地……………………150g
プロセスチーズまたは粉チーズ………30g
打ち粉(強力粉)………………少々

オーブン　約210℃・12分

＊左ページの写真は、リーフパイ、サクリスタンともに、折りパイ生地で作ったものです。層は少なくなりますが、アメリカンパイ生地でも作れます。

リーフパイ

① 残ったパイ生地を重ねてまとめます。台に打ち粉をふり、めん棒で3〜4mm厚さにのばします。木の葉の形に切るか、型抜きします。

▲生地がやわかくなって、扱いにくくなったら、冷凍庫などに入れてしっかりさせます。

② オーブンシートの上にグラニュ糖を広げ、生地をめん棒で薄くのばしながら、片面にグラニュ糖をつけます❶。

③ グラニュ糖をつけた面を表にし、オーブン皿（オーブンシートを敷く）に並べます。ケーキカードやナイフで葉脈のもようをつけます❷。

④ 約210℃のオーブンで約10分、色よく焼きます。

サクリスタン

① 残ったパイ生地を重ねてまとめます。台に打ち粉をふり、生地を4〜5mm厚さ、1辺が15cm幅の長方形にのばします。

② プロセスチーズをおろします。パイ生地全体に散らし、めん棒をころがして、チーズを軽く押さえます。生地を15×1cmの棒状に切ります❸。両端を持ってねじり、オーブン皿（オーブンシートを敷く）に両端を押しつけるようにして並べます❹。

③ 約210℃のオーブンで約12分、色よく焼きます。

93

チェリーパイ

なぜか急に食べたくなるチェリーパイ。ラフな形で、気おわずに作れます。

材料（直径約19cmパイ皿1枚分）

〈アメリカンパイ生地〉
薄力粉…………………………150g
バター…………………………80g
冷水……………………………約50cc
打ち粉(強力粉)……大さじ2〜3

〈フィリング〉
ダークチェリー(缶詰)
　………………1缶(約450g)
グラニュ糖……………………50g
コーンスターチ………大さじ2
キルシュ………………大さじ2

食パンを1cm角に切ったもの2枚分
　(またはケーキクラム*‥80g)

〈照り用〉
牛乳・水……………各小さじ1

オーブン　約220℃・10分 +200℃・15分

＊ケーキクラムは、スポンジケーキの小片（保存と利用P.31）。

パイ皮を作る
① P.84〜85のとおりにアメリカンパイ生地を作ります。

フィリングを作る
② 鍋にキルシュ以外の材料を合わせて（チェリーは実と、汁150cc）、とろみがつくまで火を通します。キルシュを加えます。

焼く
③ 生地を丸くのばし、直径24cmの円形に切りとります。

④ 生地をパイ皿にそわせてのせ、食パンかケーキクラムを、縁を高めにして底に広げます(食パンなら、耳を縁に入れても)。さらにフィリングを流して❶、周囲にはみ出したパイ生地をタックをとりながら内側にふんわりと折りこみます❷。

⑤ 照り用の牛乳と水を混ぜ、はけでパイ生地の表面にざっと塗ります。

⑥ 約220℃のオーブンで10分焼き、薄い焼き色がついてきたら、200℃に下げて15分焼きます。

便利な小道具
ボール

　お菓子づくりに欠かせないボール。最終的に生地を作りあげるボールは、24〜27cmの大きなものがよいでしょう。ボールが小さいと、泡立てや混ぜ具合が不充分になりがちです。また、ホイッパーは、ボールに合った大きめのものが効率的です。

95

パンプキンパイ

フワフワのメレンゲ飾りは、おしゃれに見せたいとき有効です。ハロウィーンのテーブルに。

材料（直径19cmパイ皿1枚分）

〈アメリカンパイ生地〉
薄力粉	120g
バター	60g
冷水	約40cc
打ち粉（強力粉）	大さじ2

〈かぼちゃクリーム〉
かぼちゃ（冷凍、または生の正味）	350g
砂糖	60g
卵1個＋卵黄1個分	
シナモン	小さじ⅓
溶かしバター	20g
ラム酒	大さじ1
生クリーム	40cc

〈メレンゲ飾り〉
｛ 卵白	1個分
｛ 砂糖	25g
粉糖	小さじ2
ピスタチオ＊	5粒

オーブン
約210℃・15分＋180℃・20分＋200℃・3分

＊ピスタチオは、おつまみ用のものは塩味がついているので、製菓用のものを使います。熱湯でさっとゆでて薄皮をとります。

パイ皮を作る

① P.84～86のとおりにアメリカンパイ生地を作り、パイ皿で焼きます。約210℃のオーブン15分で、淡い焼き色に焼きます。

フィリングを作る

② かぼちゃは電子レンジで加熱して、やわらかくし、皮をとります。

③ ボールに入れ、マッシャー（またはハンドミキサー）でつぶし、続いて、フィリングのほかの材料を順に泡立器で混ぜます。最後の生クリームで調節して、ぽったり落ちるくらいのやわらかさにします。

焼く

④ パイ皮にかぼちゃクリームを詰め❹、約180℃のオーブンで20分焼いて火を通します。さまします（このままでもおいしくいただけます）。

メレンゲを飾る

⑤ ④がほぼさめたら、ボールに卵白を入れて泡立てます。途中砂糖を2～3回に分けて加えながら泡立て、しっかりしたメレンゲを作ります。

⑥ かぼちゃクリームの上にメレンゲをのせて❺、パレットナイフの先でツノを立てます。茶こしで粉糖をふります。

⑦ 約200℃のオーブンで約3分焼いて、メレンゲに少し焼き色をつけます。

⑧ ピスタチオは皮付きのものはゆでて、薄皮をとり、細切りにして、パイに散らします。

洋なしのパイ

ババロアをパイやタルトに仕立てると、さらに豪華になります。

材料（直径19cmパイ皿1枚分）

〈アメリカンパイ生地〉
薄力粉……………………120g
バター……………………60g
冷水………………………約40cc
打ち粉（強力粉）…………大さじ2

〈ババロア〉
A { ゼラチン……………大さじ1½
    水……………………70cc }
A { 卵黄……………………2個分
    砂糖……………………30g }
B { 牛乳……………………150cc
    砂糖……………………30g }
バニラエッセンス……………3滴
C { 生クリーム……………100cc
    コアントローまたは洋なしの
    リキュール………大さじ1 }
洋なし（缶詰）＊……………200g
ミント………………………1枝

オーブン　約210℃・25分

＊洋なしは缶詰のかわりにコンポートを使うと、さらにおいしいものが作れます（コンポートの作り方P.131）

パイ皮を作る

① P.84〜85のとおりにアメリカンパイ生地を作ります。パイ皿にのせてフォークで空気穴をあけ、縁にタックをとります❶。重しをして❷、焼きます（約210℃・25分）。さまします。

ババロアを作る

② ゼラチンは分量の水にふり入れて15分以上おきます。湯せんにかけて溶かします。洋なしは汁気をきり、約半量を7〜8mm角に切ります。残りは飾り用に縦に薄く切ります。

③ 鍋にBを入れて沸とう寸前まで温めます。ボールにAを入れて、ホイッパーで白っぽくなるまですり混ぜ、熱いBを加えて混ぜます。

④ ③をこしながら鍋にもどし、弱火にかけます。とろりと濃度がついてきたら火を止めます。ゼラチン液、バニラエッセンスを混ぜ、大きめのボールに移します。

⑤ 別のボールにCを入れて、氷水にあてながら、とろりと濃度がつくまで泡立てます。

⑥ 続いて、氷水に④のボールをあてて、混ぜながら冷やします❸。とろりと濃度がついたら氷水からはずし、⑤を混ぜます。

⑦ ⑥のババロア生地を約半量ボールにとり分け、具の洋なしを混ぜてタルト皮に流し入れます❹。上から残りの生地を流して、表面を平らにします。冷蔵庫で冷やし固めます（約1時間）。

飾る

⑧ 表面に、薄切りの洋なしを並べ、ミントを飾ります。

コーヒーシフォンケーキ

シフォンケーキは材料の一部をかえれば、応用が自在です。

コーヒーシフォンケーキ（各シフォン型1個分）

直径	18cm	20cm
卵白	3個分	5個分
塩	少々	少々
砂糖	40g	70g
卵黄	3個分	5個分
砂糖	30g	50g
サラダ油	40cc	70cc
薄力粉	70g	120g
ベーキングパウダー	小さじ2/3	小さじ1
A インスタントコーヒー	大さじ1 1/3	大さじ2
A 熱湯	50cc	80cc
A クレームドモカ	大さじ1	大さじ2
オーブン約180℃	40分	40〜45分

▼材料のAをかえて、バリエーションが作れます。焼く温度や時間はほぼ同じです。

スパイスシフォンケーキ
（できあがり写真P.104）

	18cm	20cm
A キャラウイシード	大さじ2/3	大さじ1
A シナモン	小さじ1/3	小さじ1/2
A オールスパイス（粉末）	小さじ2/3	小さじ1
A 水	50cc	80cc

オレンジシフォンケーキ
（できあがり写真P.105）

	18cm	20cm
A オレンジの皮（すりおろし）	3/4個分	3/4個分
A オレンジのしぼり汁＋水	50cc	80cc
A オレンジキュラソー	大さじ1	大さじ2

＊デコレーションをしない場合は、生地に加えるオレンジの皮は1個分。

＊シフォン型。中央の筒は、ケーキの火通りをよくし、生地がふくれるときの支えになっています。シフォンケーキは焼きあがったら逆さにしますが、この筒があるので、生地が落ちません。

■シフォンケーキは、絹織り物のシフォンのようにきめが細かいケーキ。ソフトな口あたりが人気です。卵白をしっかりと泡立て、サラダ油を加えるのが特徴です。

準備

● 薄力粉とベーキングパウダーは合わせて2回ふるいます。砂糖は1回ふるいます。

● 卵は室温にもどします（卵は冷たいと泡立ちにくい）。卵白と卵黄はそれぞれ大きめのボールに入れます。

● Aの材料を用意します。コーヒーシフォンAはコーヒーを熱湯で溶かしておきます。

● オーブンは約180℃に温めておきます。

生地を作る

1

卵白でメレンゲを作ります。はじめに塩を加えてよくほぐし、泡立ってきてから砂糖を2〜3回に分けて加え、ツノがピンと立つまで泡立てます。

▲塩少々をはじめに加えると、卵白の泡がよく立ちます。

2

卵黄に砂糖を加え、泡立器で、白っぽくマヨネーズ状になるまでよくすり混ぜます。

▲泡立器は**1**のあと洗わずに続けられます。メレンゲの泡が弱くならないうちに、**2 3**と手早く進めましょう。

101

3

2にサラダ油を少しずつ加え混ぜ、なめらかに混ざったら、Aも混ぜます。

4

ハンドミキサーはホイッパーにかえ、粉を加えて大きく混ぜます。粉気がなくなったら、メレンゲ半量をムラなく混ぜ、残りも混ぜます。

◀粉、メレンゲ半量ずつを、それぞれ、ムラなくきれいに混ぜていきます。ホイッパーは練らないように、大きく混ぜるように動かします。

焼く

5

型（バターなどは塗らない）に生地を、一気に流しこみます（回し入れなくてもだいじょうぶ）。オーブン皿にのせます。

◀型にはなにも塗りません。焼きあがったときに型に生地がはりつくので、型を逆さにしても、ケーキが落ちません。

6

約180℃のオーブンで40〜45分焼きます。表面の割れ目まで焼き色がついていれば、できあがりです。

◀上だけがこげそうな場合は、型より直径1cmくらい大きめのアルミホイルに穴をあけたものを用意し、手早くのせます（縁は折りません）。その場合でも、はじめ20分はオーブンをあけないようにします。

7

焼きあがったら、すぐ、20cmくらいの高さから1度落とし、型を逆さにして、そのままさまします。

◀オーブンから出してすぐ、型を落とすのは、焼き縮みを少なくするためです。
◀逆さにすると、生地が型にぶら下がる状態になり、さめると生地がしっかりして、へこまずに高さが保てます。中心に小鉢などの台をあてて高くすると、早くさめます。

8

完全にさめてから型をはずします。パレットナイフなどを型に添わせてていねいに差しこみ1周します。中心は竹串で1周します。ケーキを抜いて、底面もパレットナイフではずします。

◀ふわふわのケーキですから、型からはずすときもていねいに扱います。

■コーヒークリームでデコレーション

デコレーション材料（各1個分）		
直径	18cm	20cm
生クリーム………………	200cc	300cc
砂糖……………………	大さじ1	大さじ1½
インスタントコーヒー・水	各小さじ1	各大さじ½
クレームドモカ………	大さじ½	大さじ⅔
スライスアーモンド…	大さじ1	大さじ1

〈デコレーション〉
① 生クリームに、砂糖、インスタントコーヒーを水で溶かしたもの、クレームドモカを加えて、泡立てます。
② スライスアーモンドは約180℃のオーブンで5～6分軽く焼きます。
③ ケーキにクリームを塗り、アーモンドを飾ります。

▲パレットナイフでクリームの表面を軽くたたくと、ツノもようができます。

103

スパイスシフォンケーキ

材料・作り方（P.101〜103）

オレンジシフォンケーキ

生地の材料・作り方（P.101〜103）

デコレーション材料（各1個分）		
直径	18cm	20cm
生クリーム	200cc	300cc
砂糖	大さじ1½	大さじ2
オレンジキュラソー	大さじ⅔	大さじ1
オレンジの皮	¼個分	¼個分
砂糖	小さじ½	小さじ½

〈デコレーション〉

① オレンジの皮はせん切りにし、ひたるくらいの水と砂糖でさっと煮ます。

② 生クリームに砂糖、キュラソーを加えて泡立てます。ケーキに塗り、オレンジの皮を飾ります。

▲小さいゴムべらなどで、ケーキの中央にもクリームを塗ります。

野菜シフォンケーキ

自然の色がとてもきれいなので驚きます。ヘルシーな素材で、朝食にもいただけます。

基本の材料（各シフォン型1個分）		
直径	18cm	20cm
卵白	3個分	5個分
塩	少々	少々
砂糖	40g	70g
卵黄	3個分	5個分
砂糖	30g	50g
サラダ油	40cc	70cc
薄力粉	70g	120g
ベーキングパウダー	小さじ2/3	小さじ1
オーブン 約180℃	40分	40分〜45分

かぼちゃシフォン	直径18cm	20cm
A かぼちゃ（冷凍、または生の正味）	120g	150g
牛乳	30cc	50cc
水	20cc	30cc
ラム酒	大さじ2/3	大さじ1

にんじんシフォン	直径18cm	20cm
A にんじん	150g	200g
牛乳	20cc	30cc
水	20cc	30cc
オレンジキュラソー	大さじ2/3	大さじ1

ほうれんそうシフォン	直径18cm	20cm
A ほうれんそう	150g	200g
牛乳	20cc	30cc
水	20cc	30cc
ブランデー	大さじ2/3	大さじ1

それぞれのピューレ

準備
● 薄力粉とベーキングパウダーは合わせて2回ふるいます。砂糖は1回ふるいます。
● 卵は室温にもどします。卵白と卵黄はそれぞれ大きめのボールに入れます。

ピューレを作る ⓐ
① 〈かぼちゃ〉 電子レンジにかけてやわらかくします。皮をとり、つぶします。
〈にんじん〉 ごく薄いいちょう切りにし、ひたるくらいの水と一緒に鍋に入れて弱火にかけ、やわらかくゆでて、ざるにあげます。あら熱をとり、クッキングカッターかミキサーにかけます。水分がなくて回らないようなら、Aの牛乳や水をたします。
〈ほうれんそう〉 やわらかめにゆで、冷水にとり、水気をしっかりしぼります。根元約5cmは除き、残りをクッキングカッターかミキサーにかけます。水分がなくて回らないようなら、Aの牛乳や水をたします。

生地を作る
② 卵白でメレンゲを作ります。はじめに塩を加えてほぐし、途中砂糖を2〜3回に分けて加え、ツノがピンと立つまで泡立てます。
③ 卵黄に砂糖を加え、泡立器で、白っぽくマヨネーズ状になるまでよくすり混ぜます。
④ ③にサラダ油を少しずつ加え混ぜ、なめらかに混ざったら、①のピューレとAのほかの材料も混ぜます ⓑ。
⑤ ハンドミキサーはホイッパーにかえ、粉を加えて混ぜます。粉気がなくなったら、メレンゲ半量をムラなく混ぜ、残りも混ぜます。

焼く
⑥ 型（バターなどは塗らない）に、生地を一気に流しこみます。
⑦ 約180℃のオーブンで40〜45分焼きます。表面の割れ目まで焼き色がついたら、できあがりです。すぐ、型を逆さにして、そのままさまします。

107

シュークリーム

皮がパリっとして、クリームがたっぷり。おいしいのはこれです。

材料	8個分	16個分
〈シュー生地〉		
A { バター	40g	70g
牛乳	50cc	50cc
水	−	50cc
薄力粉	40g	80g
卵	中1〜2個	中3個
卵白	−	約1個分
しぼり袋と丸口金（直径1㎝）		
〈カスタードクリーム〉		
卵黄	2個分	4個分
砂糖	40g	80g
薄力粉	20g	40g
牛乳	200cc	400cc
バニラエッセンス*	少々	3滴
バター	大さじ½	大さじ1
〈ホイップクリーム〉		
生クリーム	50cc	100cc
砂糖	大さじ½	大さじ1
ホワイトキュラソー	小さじ1	大さじ½
オーブン　約200℃・15分＋170℃・15分（8個・16個同様）		

＊シュー16個は、約30㎝角オーブン皿2枚分の分量です。
＊バニラビーンズを使う場合は、P.112を参照してください。

■シューとはキャベツのこと。キャベツのように、ふっくらふくらんだ形に焼きあげます。コツは、シュー生地のやわらかさの加減と焼き方です。

準備

- 薄力粉は2回ふるいます。カスタードクリームの分も同様にします。
- Aのバターは約1㎝角に切っておきます。
  ▲牛乳でバターを溶かすときに、牛乳が蒸発しすぎないように、バターは小さくしておきます。
- シュー生地の卵は室温にもどして、ほぐします。
  ▲シュー生地は卵の量を加減しながら、生地のかたさを調節します。たりなければ、卵白（カスタードクリームで余る）をたします。
- オーブンは約200℃に温めておきます。

シュー生地を作る

1

鍋にAを入れ、強火にかけます。バターが溶けて、沸とうしたら（鍋の中央まで泡立つ）、鍋をいったん火からおろし、薄力粉を1度に加えて木べらで手早く混ぜます。

109

2

混ざってひとまとまりになったら、すぐまた強火にかけます。こげつかないように木べらで混ぜながら、約1分加熱して粉全体に火を通します。ボールにあけます。

◁粉全体に火が通ることがポイントです。木べらで手早くしっかり混ぜながら加熱します。加熱しすぎると、水分が蒸発しすぎてふくらみが悪くなるので、めやすは1分。

3

続いて、生地にとき卵を少しずつ加えながら、泡立器でなめらかに混ぜていきます。

◁生地が熱いうちに、卵を加えていきます。

4

しだいに生地がなめらかになり、写真❺の状態になるまで、とき卵を加減して加えます。たりなければ、卵白を少々たします。

　　▲適＝ちょうどよい生地は、すくった生地がゆっくりと尾をひいて落ちていき、ゴムベラに、逆三角形の生地が残ります。
　　▲卵を入れすぎてしまったら、焼いてもふくらみにくいので、P.116のような形にするか、揚げシュー（約170℃の油で揚げて砂糖をふる）にするとよいでしょう。

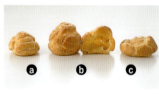

▲それぞれ焼いたもの。
❹かたくしまる
❺充分ふくらみ、中は空洞
❻しめっぽく、ふくらみが悪い

110

5

しぼり袋に丸口金をつけ、**4**の生地を入れます。

◀先端のほうを曲げ、マグカップなどにしぼり袋を立てると、生地が入れやすい。

焼く

6

オーブン皿（オーブンシートを敷く）に、直径約4cmに丸くしぼり出します。指先に水少々をつけて、生地のとがった部分を軽く押さえます。

◀口金の先は丸く動かさずに１点で生地を押し出します。丸みのある山形にします。

◀生地が残ってしまったら、しぼり袋をボールに入れ、ボールごと、さめないようにひと肌程度の湯せんにかけておきます。オーブン皿をさましてから、生地をしぼります。

7

約200℃のオーブンで15分焼き、割れ目の部分も茶色くなるくらいに焼きあがったら、約170℃に温度を下げ、15分ほど乾燥焼きをします。

◀シューの焼き方は、２段階が特徴です。まず、仕上がりの色と大きさに焼きあげ、次に温度を下げて中の水分を充分とばします。

◀上手に焼けると、持った感じは軽く、水分が残っているとずっしりしています。

8

網にとり、なにもかけずに完全にさまします。

◀保管する場合は、しめり気がもどらないように、完全にさめてから密閉容器などに入れます。冷凍で１〜２週間保存可。

111

カスタードクリームを作る

9

鍋に牛乳を入れて、沸とう寸前まで温めます。ボールに卵黄、砂糖を入れて、ホイッパーで白っぽくなるまですり混ぜ、薄力粉も混ぜます。熱い牛乳を少しずつ混ぜます。

10

9をこしながら鍋にもどして強火にかけ、木べらで混ぜながら加熱します。とろみが出はじめたら一気に混ぜ、全体にふつふつと煮立ったら、火からおろします。

11

ボールに移し、バニラエッセンスを混ぜ、表面にバターをのせて広げ、ラップをかけます。氷水にあててさまします。

ホイップクリームを作り、仕上げる

12

シューとカスタードがさめてから、ホイップクリームを作ります。ボールに材料を合わせ、泡立器でツノが立つまで泡立てます。11と混ぜます。しぼり袋に詰めます。

◀バニラエッセンスのかわりに、バニラビーンズを使う場合は、シュー16個分のカスタードの分量でバニラビーンズ約½本使います。さやを縦半分に切り、中身をしごき出します。中身とさやを牛乳に入れて加熱し、さやをとり出します。

P.109の材料表のコピー

〈カスタードクリーム〉	8個分	16個分
卵黄	2個分	4個分
砂糖	40g	80g
薄力粉	20g	40g
牛乳	200cc	400cc
バニラエッセンス	少々	3滴
バター	大さじ½	大さじ1
〈ホイップクリーム〉		
生クリーム	50cc	100cc
砂糖	大さじ½	大さじ1
ホワイトキュラソー	小さじ1	大さじ½

◀さめると表面に膜が張るので、バターをのばしておきます。使うときに混ぜます。

◀カスタードクリームとホイップクリームを混ぜずに、別々にしぼってもよいでしょう（P.113）。

13

シューを高さ⅓で切り離し、クリームをしぼり入れます。

■ リングシュー

　シュー生地をしぼり出す形を変えると、表情の違ったシュークリームが作れます。
リング(写真奥)／星形か丸形の口金で、輪に2～3重にしぼり出します。また、大きな輪に作り、切り分けていただくようにしてもすてきです。
花輪(写真手前)／丸口金で、小さな丸をリング状につなげてしぼります。

113

モカシュークリーム

シュークリームが成功したら次はこれ。香ばしさが加わった大人っぽい味。

114

材料（12個分）

〈シュー生地〉
A ┌ バター ……………………40g
　├ 牛乳 ………………………60cc
　└ 薄力粉 ……………………50g
卵 ……………………中1～2個
アーモンド（ダイス状）‥大さじ2
しぼり袋と丸口金（直径1cm）

〈モカカスタードクリーム〉
卵黄 …………………………3個分
砂糖 …………………………60g
薄力粉 ………………………20g
牛乳 …………………………300cc
B ┌ カルーア（またはコーヒーリキュール）
　│ ……………………………大さじ½
　└ インスタントコーヒー‥大さじ1
バター ………………………大さじ½
粉糖 …………………………小さじ2

オーブン　約200℃・15分＋170℃・15分

シューを作る

① P.109～111のとおりにシュー生地を作り、焼きます（約200℃・15分＋約170℃・15分）。P.111の作り方⑥で、生地は直径3cmにしぼります。フォークに水をつけて生地のとがった部分を軽く押さえ**ⓐ**、アーモンドダイスを散らします。

モカカスタードクリームを作る

② 鍋に牛乳を入れて、沸とう寸前まで温めます。

③ ボールに卵黄、砂糖を入れて、ホイッパーで白っぽくなるまですり混ぜ、薄力粉も混ぜます。熱い牛乳を少しずつ混ぜます。

④ ③をこしながら鍋にもどして強火にかけ、木べらで混ぜながら加熱します。とろみが出はじめたら一気に混ぜ、全体にふつふつと煮立ったら、火からおろします。ボールに移します。

⑤ Bのコーヒーとカルーアを混ぜてよく溶かし、④のあら熱がとれたらBを混ぜます**ⓑ**。表面にバターを広げてラップをかけ、氷水にあててさまします。

仕上げる

⑥ シューを上から⅓で切り離します。モカカスタードクリームをしぼり袋に入れ、シューの中にしぼり入れます。茶こしで粉糖をふります。

・・・・・・・・・・・・・・・・・・・・・・・・・・・・・・・・・・

保存と利用
卵白

　カスタードクリームなどを作ると、卵白が残りますが、冷凍保存ができます（約2週間）。シュー生地のかたさ調整や、料理に使えます。また、卵白で作るクッキー（→P.144）を作ってもよいでしょう。1個分ずつまとめておくと使いやすい。
・・・・・・・・・・・・・・・・・・・・・・・・・・・・・・・・・・

115

シューケーキ

シュー生地を板状に焼き、ミルフィーユのようなケーキに仕立てます。

材料（30cm角のオーブン皿1枚分）

〈シュー生地〉
A｛バター ……………………40g
　　牛乳 ………………………50cc
薄力粉 ……………………………40g
卵 ……………………………中1～2個
しぼり袋と丸細口金（直径3mm）

〈カスタードクリーム〉
卵黄 ………………………………2個分
砂糖 ………………………………40g
薄力粉 ……………………………15g
牛乳 ………………………………200cc
バニラエッセンス ………………3滴
バター ……………………………大さじ½

〈ホイップクリーム〉
生クリーム ………………………70cc
砂糖 ………………………………小さじ2
ホワイトキュラソー ……………小さじ1

〈フルーツ〉
パパイヤ …………………………½個
キウイフルーツ …………………1個

オーブン　約190℃・10分＋160℃・10分

シューを作る

① P.109～110のとおりにシュー生地を作ります。

② しぼり袋に生地を入れ、オーブン皿（オーブンシートを敷く）に1cm間隔の斜め格子にしぼり出します 。

▲しぼりがめんどうなら、一面に生地をのばして、板状に焼くこともできます。

③ 約190℃のオーブンで10分焼き、よい色になったら、160℃に下げて、さらに10分焼いて乾燥させます。とり出し、なにもかけずにさまします。

クリームを作る

④ P.112のとおりに、カスタードクリームを作り、ホイップクリームを混ぜます。

仕上げる

⑤ フルーツは薄く切り、ペーパータオルにのせて水気をとります。

⑥ シューを3等分に切ります。1枚の上にクリーム半量を塗り、フルーツを並べます 。シューを重ね、もう1段同様に作ります。

きちんと線を描きたい場合は、線を引いた紙をオーブンシートの下に敷くとよいでしょう。

透けて見えるのできれいに並べます。

▲シューを適当に切り、クリーム、フルーツと盛り合わせて、デザート風に仕立てても。

ベイクドチーズケーキ

混ぜて焼くだけ。マーブルもようで手づくりらしさをアピールしませんか。

材料（丸型底が抜けるタイプ1個分）

直径	15cm	18cm
バター	30g	50g
クリームチーズ	140g	200g
砂糖	50g	70g
生クリーム	100cc	150cc
レモン汁	大さじ1½	大さじ2
卵	1½個	2個
薄力粉	25g	40g
スイートチョコレート	30g	50g
オーブン 約170℃	40分	45分

準備

● クリームチーズは室温でやわらかくします。

● バターは大きめのボールに入れ、室温でやわらかくします。卵も室温にもどします。

● 薄力粉、砂糖はそれぞれふるいます。

生地を作る

① もようになるチョコレートは、細かくきざみ、ボールに入れて、湯せん（50～60℃）にかけて溶かします。

② バターを泡立て器ですり混ぜます。白っぽくなったら、クリームチーズを加えてすり混ぜます❹。なめらかになったら、チョコレート以外の材料を順に混ぜます。

焼く

③ 生地を型に入れて❺平らにします。ところどころに①をスプーンで落とし、フォークで表面をざっと混ぜて、マーブルもようにします❻。

④ 約180℃のオーブンで40～45分焼き、さまします。冷やしていただきます。

＊チョコレートのもようなしの、プレーンのままでもおいしいケーキです。

底が抜けない型から
ケーキをとりだすには

やわらかい、型につきやすいなどのケーキは、底が抜ける型がとり出しやすいのですが、底が抜けない型でもとり出す方法があります。帯状のパラフィン紙やアルミホイル（2～3つ折り）を十文字に敷き、その上に型紙を敷きます。できあがったら、十文字の端を引っ張りながら、ケーキをとり出します。

119

スフレチーズケーキ

フワフワにできあがったときの喜びはひとしおです。やさしい口あたりに大満足。

材料（丸型底が抜けないタイプ1個分）

直径	15cm	18cm
バター	50g	80g
砂糖	20g	30g
クリームチーズ	140g	200g
薄力粉	40g	60g
A 卵黄	2個分	3個分
生クリーム	100cc	150cc
レモン汁	大さじ½	大さじ1½
ブランデー	大さじ½	大さじ1
卵白	2個分	3個分
砂糖	30g	40g

オーブン(15cm)　約190℃・30分＋170℃・20分
　　　　(18cm)　約190℃・40分＋170℃・20分

準備

- 薄力粉、砂糖はそれぞれふるいます。
- チーズとバターは室温でやわらかくします。卵は室温にもどします。
- 型の底と側面に型紙を敷きます。

生地を作る

① ボールで卵白を泡立てます。泡立ってきたら、砂糖を2～3回に分けて加え、きめ細かくしっかりとしたメレンゲを作ります。

② 大きめのボールにバターと砂糖を入れて、泡立器で白っぽくなるまでよくすり混ぜてから、クリームチーズを加えてさらに混ぜます。Aを順に混ぜます❹。

③ ②に、メレンゲ半量、粉全部❺、残りのメレンゲを順にゴムべらで混ぜます。切っては底からすくい上げるようにして混ぜます。

蒸し焼きにする

④ 生地を型に入れ、湯せんにかけながら❻、約1時間蒸し焼きにします（約190℃で30～40分＋170℃に下げて20分）。

　▲湯せんは、ひとまわり大きな型や耐熱容器に湯を入れて型を入れます。湯量は、2cm深さくらいにします。また、オーブン皿に湯をはっても。

表面だけ先に色づいてしまうようなら、アルミホイルでおおいます。

オレンジチーズケーキ

濃厚なチーズと、さわやかなオレンジ。相性のいい2つの味を盛りこんだバターケーキです。

材料(18×5.5×4cmパウンド型2本分)

- バター ………………………… 60g
- 砂糖 …………………………… 50g
- クリームチーズ …………… 100g
- 卵黄 ………………………… 2個分
- { 卵白 ………………………… 2個分
-   砂糖 …………………………… 50g }
- A { 薄力粉 ……………………… 120g
-     ベーキングパウダー…小さじ½ }
- B { オレンジの皮*
-     オレンジの果肉(5mm角切り)
-     グランマルニエ ……大さじ1 }
- C { オレンジの果汁
-     グランマルニエ ……大さじ½ }

オーブン　約190℃・30分＋170℃・20分

＊オレンジは全部で1個(約230g)使います。準備を参照してください。

準備

● チーズとバターは室温でやわらかくします。卵は室温にもどします。

● Aは合わせて2回ふるい、砂糖は1回ふるいます。

● オレンジ1個の皮をすりおろします。実の⅓は汁をしぼります。残りは果肉を袋からとり出して厚みを半分に切り、8～12枚を飾り用にとりおき、ほかは5mm角に切ります。ペーパータオルにのせて水気をとります。

● 型に型紙を敷きます。

生地を作る

① ボールに卵白を入れて、泡立て器で泡立てます。全体が泡立ってきたら、砂糖を2～3回に分けて加え、しっかりしたメレンゲを作ります。

② 大きめのボールにバターと砂糖を入れて、泡立て器で白っぽくなるまでよくすり混ぜてから、クリームチーズを加えてさらに混ぜます。

③ なめらかなクリーム状になったら、卵黄を混ぜ、Bを混ぜます。

④ ゴムべらにかえ、メレンゲの半量を混ぜます❶。Aを加えて粉気がなくなるまで混ぜ、残りのメレンゲを混ぜます。

焼く

⑤ 型に生地を入れ、飾りの果肉を並べます❶。

⑥ 約190℃のオーブンで30分、ふくらんで色づいてきたら約170℃にして20分焼きます。

⑦ Cを合わせ、ケーキが熱いうちにはけでしみこませます。

材料(直径18cm丸型底が抜けるタイプ1個分)

〈レアチーズ生地〉
クリームチーズ ……………200g
A ┃ 卵黄 ………………… 1個分
　┃ 砂糖 …………………… 30g
B ┃ 牛乳 …………………… 70cc
　┃ 砂糖 …………………… 50g
　┃ ゼラチン……………… 大さじ1
　┃ 水 ……………………… 70cc
　┃ 生クリーム …………… 100cc
C ┃ レモンの皮(すりおろし)…小さじ½
　┃ レモン汁 …………… 大さじ2
D ┃ 卵白 ………………… 1個分
　┃ 砂糖……………………… 大さじ1
ピスタチオ ………………… 4粒

〈台〉
バター(食塩不使用) ………60g
クラッカー ………………… 60g

＊冷菓の場合、型はステンレス製など、さびないものが向いています。底にクッキーやビスケットを使う場合は、底が抜ける丸型やタルト型を使い、底にスポンジを使う場合はセルクル(P.37)も使えます。

準備
● ゼラチンは分量の水にふり入れて15分以上おきます。
● クリームチーズは室温でやわらかくします。卵は室温にもどします。

台を作る
① クラッカーをポリ袋に入れ、上からめん棒をころがしてください(または少し形が残る程度にクッキングカッターにかけます)。ボールに入れます。
② バターを湯せんにかけるか、電子レンジに数秒かけて溶かします。熱いうちにクラッカーに混ぜます。型の底に敷きつめ、コップなどでしっかり押さえます。冷蔵庫で冷やします。

レアチーズ生地を作る
③ ゼラチンは湯せんにかけて溶かします。
④ 大きめのボールにクリームチーズを入れ、泡立器でクリーム状にします。
⑤ 別のボールにAを入れて、泡立器ですり混ぜます。鍋でBを沸とう寸前まで温めてから、少しずつ加え混ぜます。鍋にもどして、混ぜながら火にかけ、とろりとしてきたら火を止めます。ゼラチン液を混ぜます。ボールに移します。
⑥ ⑤を氷水にあてて混ぜながら冷やします。線が残るくらいのとろみがついたら、氷水をはずします。これを④に混ぜ、Cも混ぜます。
⑦ 別のボールにDの卵白を入れて泡立て、途中で砂糖を混ぜて、しっかりしたメレンゲを作ります。⑥に混ぜます。

仕上げる
⑧ 生地を型に入れます。冷蔵庫で冷やし固めます(30分～1時間)。
⑨ ピスタチオはゆでて皮をむき、薄切りにします(ピスタチオの扱い方P.97)。
⑩ 型のまわりを、蒸しタオルなどで包み、ケーキをはずします。ピスタチオを飾ります。

フルーツ イン レアチーズケーキ

さっぱり味のレアチーズケーキに、フレッシュフルーツをプラス。デザートの一皿に仕立てて。

材料（約600cc流し箱1個分・4人分）

クリームチーズ	70g
砂糖	大さじ3
プレーンヨーグルト	大さじ2
生クリーム	50cc
ゼラチン	小さじ2
水	50cc
マンゴー（熟したもの）	1個(240g)
砂糖	大さじ1
A コーンスターチ	小さじ1
水	小さじ1
コアントロー	小さじ1

＊フルーツをかえて楽しめます。オレンジやグレープフルーツなら½個分の果肉を入れ、残りの果汁（＋水）でソースを作ります。あんず（缶詰）もマンゴーと同様に使えます。

準備

● ゼラチンは分量の水にふり入れて15分以上おきます。
● クリームチーズは室温でやわらかくします。
● マンゴーは果肉半分を細かく切ります。残りはしぼって果汁50ccをとります（たりなければ水をたす）。

生地を作り、固める

① ゼラチンは湯せんにかけて溶かします。
② 大きめのボールにクリームチーズを入れて泡立器でクリーム状にし、砂糖大さじ3を加えてすり混ぜます。ヨーグルト、生クリーム、ゼラチン液、切ったマンゴーの果肉の半量を、順に混ぜます。
③ ②のボールを氷水にあて、混ぜながら冷やします。混ぜたときに線が残るくらいのとろみがついたら氷水をはずし、型に流します。
残りの果肉を散らします。冷蔵庫で冷やし固めます（約30分）。

仕上げる

④ ソースを作ります。マンゴーの果汁50ccを鍋に入れ、砂糖大さじ1を加えて煮溶かします。Aを合わせて加え、とろみをつけます。火を止めてコアントローを加え、さまします。
⑤ ケーキを切り分け、ソースを添えます。写真は、ソースをところどころに落とし、竹串で筋をつけています。

ストロベリームース

ふわふわとした舌ざわりが身上です。1人分ずつ、ココットに作ってもすてきです。

材料（約300cc・4人分）

いちご	150g
ゼラチン	大さじ½
水	大さじ2
牛乳	50cc
砂糖	大さじ4
レモン汁	大さじ½
生クリーム	50cc
ホワイトキュラソー	小さじ2

＊いちごのほか、ももやパイナップル（缶詰）、マンゴー、バナナなどで応用できます。

準備

● ゼラチンは分量の水にふり入れ、15分以上おきます。

ムースを作る

① いちごは、クッキングカッターやミキサーにかけてピューレにします（細かくきざんで、裏ごししても）。

② 鍋に牛乳と砂糖を入れて沸とう寸前まで温め、砂糖を溶かします。火からおろし、ゼラチンを加えて完全に溶かします。

③ ボールに移し（熱が早くとれる）、いちごのピューレ、レモン汁を混ぜます。

④ 別のボールに生クリーム、ホワイトキュラソーを入れ、氷水をあてながら泡立てます。泡立器から細いひも状にとろとろと落ちる程度になったら、氷水からはずします。

▲生クリームを少し泡立て、また、⑤で混ぜているうちに、細かな泡ができて、ふわふわしたムースの食感が生まれます。

⑤ 続いて、③のボールを氷水にあてて混ぜながら冷やします❶。とろりと濃度がついてきたら、生クリームを混ぜます❷。

▲生クリームと同じ程度の濃度にすると、混ざりやすい。固まりだすと早いので、生クリームを混ぜるタイミングをよくみます。

⑥ 型や器に流し、冷蔵庫で冷やし固めます（約1時間）。

ゼラチンが固まりにくくなるフルーツ

パイナップル、パパイヤ、キウイフルーツなど、南方系のフルーツは、ゼラチンを固まりにくくする酵素をもっているので、軽く煮てから使います。また、レモンや夏みかんなど酸味が特に強いフルーツは固まりにくいので、ゼラチンを多めにします。

洋なしのフラン・いちじくのフラン
フルーツをグラタン風にいただく小粋なデザートです。

材料（直径21cm耐熱容器1個分）

洋なし（コンポートまたは缶詰）	5～6個
ブランデー	大さじ1
薄力粉	大さじ2
砂糖	大さじ2
卵	1個
生クリーム	100cc
牛乳	150cc
ブランデー	大さじ1
〈型塗り用〉バター	少々

オーブン 約160℃・30分

＊いちじくのコンポートも、洋なしと同じ個数で作ります。
＊お好みのフルーツのコンポート（砂糖煮）や缶詰で作れます。

準備

● 洋なしは5mm厚さに切ります（いちじくは丸ごと、または半割りにします）。
● 薄力粉と砂糖はそれぞれふるいます。
● 容器にバターを薄く塗ります。

生地を作って焼く

① 容器に洋なし（いちじく）を並べ、ブランデーをふります。
② ボールに、薄力粉と砂糖を合わせ、卵をほぐして加え、ホイッパーで混ぜます。
③ 生クリーム、牛乳、ブランデーを順に混ぜます。容器に流します❸。
④ 約160℃のオーブンに入れ、薄い焼き色がつくまで30分ほど焼きます。熱々で、または冷たくしていただきます。

■ 洋なしのコンポートの作り方

材料

洋なし	1kg
砂糖	50g
水	200cc
白ワイン	100cc
レモンの輪切り	1/2個分

＊いちじくも同量で作れます。

① 洋なしの皮をむきます。縦半分に切り、芯をくり抜きます（いちじくは丸ごと）。
② 鍋に砂糖と水を入れて煮溶かします。続いて、ワイン、洋なし、レモンの輪切りを入れ、紙ぶたと鍋のふたをして、弱火で20～30分煮ます。途中で上下を入れかえます。煮汁ごとさまします。
＊使う分量ずつ、汁ごと冷凍しておくとよいでしょう。1～2か月保存できます。

カスタードプリン

ほんもののプリンはやはり美味。しかもバニラビーンズを使えば最高です。

材料（約100ccのプリン型6個分）

牛乳	300cc
卵	3個
砂糖	40g
ラム酒	小さじ½
バニラビーンズ*	½本
〈型塗り用〉バター	少々
〈カラメルソース〉	
砂糖	40g
水	大さじ½
湯	大さじ2

オーブン　約160℃・30〜40分

＊バニラビーンズ（バニラスティック）は、ラン科の植物のさや。中の種やさやの香りを、牛乳などに移して使います。冷凍保存します。

＊バニラビーンズのかわりに、バニラエッセンス少々でもかまいません。ラム酒と同時に生地に混ぜます。

表面が乾燥するようなら、アルミホイルでおおいます。

カラメルソースを作る

① プリン型にバターを薄く塗ります。下欄のとおりにカラメルソースを作り、プリン型に流します。

プリン生地を作る

② バニラビーンズは縦半分に切り、さやから中身をしごき出します❶。鍋に牛乳、バニラビーンズの中身とさやを入れ、中火にかけます。沸とう寸前で火を止めます。さやをとり出します。

③ ボールに卵をほぐし、砂糖を加えてホイッパーで混ぜます。②を少しずつ混ぜ、ラム酒を加えます。万能こし器でこします。

④ プリン型に③を静かに流し入れます。

蒸し焼きにする

⑤ 型をケーキ型やバットに入れ、湯を入れて湯せん状態にします。湯量は、2cm深さくらいにします❷。または、オーブン皿に湯をはっても。

⑥ 約160℃のオーブンで30〜40分蒸し焼きにします。

⑦ 表面が固まって、中央を竹串で刺してみて、生地がついてこなければできあがりです。さましてから、冷蔵庫でよく冷やします。

⑧ 型の周囲を竹串でひと回りしてから、皿をあて、逆さにしてふり、プリンを型からはずします。

■ カラメルソースの作り方

① 鍋に砂糖と水を入れて混ぜます。はじめに混ぜておき、以降は混ぜません。③の湯を用意しておきます。また、はねよけ用のふたがあると便利。

② 中火にかけます。時々鍋をゆすって加熱し、周囲が色づきはじめたら手早く鍋をゆすります。

③ 全体があめ色になったら、火からおろし、分量の湯を加えます。鍋をゆすりながら火に少しかけ、全体が均一になったらできあがりです。

保存と利用

びんに入れて冷蔵で保存できます（約1か月）。お菓子や料理の色やコク出しに使えます。

133

アイスボックスクッキー

さくさくとしたクッキーの歯ざわりはバターの扱いがポイントです。

■クッキーは、バター、卵、粉の基本材料に、香りやナッツなどが加わって味のバリエーションが広がります。

■クッキーにはいろいろな形があって楽しいものです。基本材料は、それぞれが形づくりやすいようなバランスになります。

■クッキーは、しけらないように密閉しておけば、1か月くらいもちます。また、生地は、1か月くらい冷凍しておけます。においが移らないように密閉します。

プレーンクッキー（約40個分）

バター	100g
砂糖	60g
卵黄	1個分
バニラオイル	2～3滴
薄力粉	140g
打ち粉（強力粉）	適量
〈仕上げ〉	
白ざらめ	50g
卵白	1個分

オーブン　約180℃・13～15分

ココアクッキー（約60個分）

バター	100g
三温糖	60g
卵	1/2個
薄力粉	140g
ココア	大さじ3（15g）
スライスアーモンド	60g
打ち粉（強力粉）	適量

オーブン　約180℃・13～15分

準備

● バターは室温でやわらかくします。指で軽く押すと跡がつくくらいにします。

　▲バターを薄く切ってボールに並べると早くやわらかくなります。そのまま生地を作るので、大きめのボールがよいでしょう。

● 薄力粉は（ココアクッキーのほうはココアを合わせて）2回ふるいます。砂糖（三温糖）は1回ふるいます。

● ココアクッキーのアーモンドはオーブン皿に広げ、約180℃のオーブンで5～6分、かすかに焼き色がつく程度に焼きます。

生地を作る

1

バターを泡立器で練ってクリーム状にします。砂糖（三温糖）を2回に分けて入れながら、白っぽくなるまですり混ぜ、空気を充分含ませます。

　▲バターをよく混ぜて空気を充分に含ませることで、クッキーのさっくり感が出ます。また、次から加える水分が分離せずに混ざりやすくなります。

　▲バターがやわらかくなりすぎるようなら、ボールを氷水に少しあてるとよいでしょう。

135

2

卵黄（ココアクッキーは卵）をほぐし、2回に分けて加え、すり混ぜます。プレーンクッキーはバニラオイルを加えます。

3

ゴムべらにかえて、粉を加え、粉気がなくなるまで、切っては底をすくうように混ぜます（ココアクッキーはここでアーモンドを混ぜます）。

◀粉は、練ってしまうと粉のねばりが出て重たい食感になるので、上下を返すように混ぜます。

4

ラップを広げて打ち粉少々をふり、生地を手でまとめてからラップの上にとり出し、2本の棒状にします。プレーンクッキーは直径3cmの丸形、ココアは3.5×2.5cmの角形にします。

◀べたつくようなら、短時間冷凍してから、形づくります。
◀切ったり、型抜きをするクッキーは、バターに空気を充分含ませたうえで、生地をしっかりまとめて中の空気を押し出すようにするのがポイントです。切り口や表面のきめがきれいで、きっちりした形に仕上がります。

5

プレーンクッキーは、生地に卵白をはけで塗ってから、ざらめをつけます。ざらめは紙やオーブンシートに広げ、ころがすようにするとつけやすくなります。

6

ラップで包みます。冷凍庫に1時間以上おいて冷やし固めます。

◀アイスボックスクッキーは、棒状で保存しやすく、必要なときに使えて便利です。

| 焼く |

7

生地を5mm厚さに切ります。オーブン皿（オーブンシートを敷く）に並べ、約180℃のオーブンで13〜15分焼きます。

◀1度に焼けない場合、室温が高いときは生地を冷蔵して待ちます。オーブン皿をさましてから、次の生地を並べます。

8

焼き色がよいものから網にとります。ふきんなどはかけず、そのままさまします。完全にさめたら、密閉してしけらないように保存します。

◀クッキーは焼きあがりの熱いうちは、少しやわらかい感触です。さめるとカリッとしてきます。

137

バナナチップスクッキー

最後にのせるバナナチップスで、味がぐんと引き立ちます。カントリー風の形が親しみやすい。

材料（約36個分）

バター	90g
砂糖	60g
卵	中1個
薄力粉	130g
ベーキングパウダー	小さじ⅓
A ┌ バナナチップス	70g
│ レーズン	50g
└ ラム酒	大さじ½
〈飾り用〉バナナチップス	30g

オーブン　約180℃・15分

準備

- バターは室温でやわらかくします。
- 薄力粉はベーキングパウダーと合わせて2回ふるいます。砂糖は1回ふるいます。
- Aのバナナチップスはポリ袋に入れ、上からめん棒で軽くたたいて細かくくだきます。レーズンは湯でざっと洗い、水気をふいてラム酒をふります。

生地を作る

① 大きめのボールにバターを入れ、泡立器で練ってクリーム状にします。砂糖を2回に分けて入れながら、白っぽくなるまですり混ぜ、空気を充分含ませます。

② 卵をほぐして2～3回に分けて加え、すり混ぜます。

③ ゴムべらにかえて、粉を加え、粉気がなくなるまで切るように混ぜます。Aを混ぜます。

焼く

④ 生地をティースプーンで山盛り1杯すくい、オーブン皿（オーブンシートを敷く）に、すき間をあけて並べます。フォークで押さえて直径3～4cmの円形にざっと形を整えます❶。飾り用のバナナチップスを割りながら3～4片ずつのせます❷。

> ▲1度に焼けない場合、室温が高いときは生地を冷蔵して待ちます。オーブン皿をさましてから、次の生地を並べます。

⑤ 約180℃のオーブンで15分焼きます。焼き色がよいものから網にとります。完全にさめたら密閉保存します。

スノーボール

コロンとかわいらしい形、そしてコクのある味が大人気。型いらずのクッキーです。

材料（約40個分）

バター	60g
ショートニング	60g
粉糖	15g
バニラオイル	3滴
A ｛ 薄力粉	120g
アーモンドパウダー	30g
ピーナッツ*	正味60g
（殻付きなら約80g分）	

〈仕上げ〉

粉糖 ………………………… 30g

オーブン　約160℃・20分

＊ピーナッツは殻付きなど、無塩のものが向きます。くるみ、カシューナッツでもおいしく作れます。

準備

● バターは室温でやわらかくします。
● Aは合わせて、万能こし器などで1回ふるいます。
● ピーナッツは5mm角くらいにあらく切ります。

生地を作る

① 大きめのボールにバター、ショートニングを入れ、泡立器でクリーム状にします。粉糖を入れて、全体が白っぽくなるまですり混ぜ、空気を充分含ませます。

② バニラオイルを加え混ぜます。ゴムべらにかえて、Aを加え、粉気がなくなるまで切るように混ぜます。ピーナッツを混ぜます。

③ さわってみて、生地がべとつくようなら、少し冷蔵してかたくします。

　▲このとき、ポリ袋などに入れて四角にまとめておくと、あとで等分しやすい。

焼く

④ 生地を直径2cm強のボールに丸めて、オーブン皿（オーブンシートを敷く）に並べます❶。約160℃のオーブンで20分、軽く色づく程度に焼きます。焼けたものから網にとります。

⑤ クッキーが完全にさめてから、ボールに粉糖を入れた中でころがして、粉糖をまぶします❷。

便利な小道具

オーブンシート

オーブン皿にバターなどを塗らなくても、生地がくっつかずにすみます。使い捨てタイプ、洗ってくり返し使えるタイプがあります。また、ケーキをデコレーションするときの下敷としても利用できます（→P.43）。

フロランタン

イタリアの地名・フィレンツェが語源のお菓子です。フロランティーヌとも。

材料（18.5cm角型1個分）

〈クッキー生地〉
バター…………………………50g
砂糖 …………………………40g
卵 ……………………………中½個
バニラオイル………… 2〜3滴
薄力粉 ………………………100g
ポリ袋（幅約20cm）

〈型塗り用〉バター……………少々

〈フロランタン種〉
バター…………………………40g
砂糖 …………………………40g
はちみつ（または水あめ）大さじ2
生クリーム……………大さじ2
アーモンド（細切りまたはスライス）80g

オーブン　約180℃・15分＋20分

準備

- バターは室温でやわらかくします。
- 薄力粉は2回ふるいます。砂糖は1回ふるいます。型にバターを薄く塗ります。
- アーモンドはオーブン皿に広げ、約180℃のオーブンで、軽く色づく程度に焼きます（細切りなら約10分、スライスなら約5分）。

クッキー生地を作る

① 大きめのボールにバターを入れ、泡立器で練ってクリーム状にします。砂糖を2回に分けて入れながら、白っぽくなるまですり混ぜ、空気を充分含ませます。

② 卵をほぐして少しずつ加え、すり混ぜます。バニラオイルを加えます。

③ ゴムべらにかえて、粉を加え、粉気がなくなるまで切るように混ぜます。

④ 生地をポリ袋に入れて、めん棒で型の大きさにのばします。冷蔵庫に入れて30分ほど、生地を休ませます。

焼く

⑤ ポリ袋を切り開いて、生地を型に入れます❶。フォークで刺して空気穴をあけます。

⑥ 約180℃のオーブンで15分、薄く色づくまで焼きます。型のままさまします。

フロランタン種を作る

⑦ 鍋にアーモンド以外の材料を入れて火にかけ、煮立ったら弱火にします。鍋をまわしながら、こがさないように煮つめます。

⑧ 写真の色になったら❷、アーモンドを入れて混ぜ、火からおろしてすぐ、クッキーの上に流します❸。フォークなどで手早く広げます。

フロランタン種を入れて焼く

⑨ 約180℃のオーブンで20分、表面にほどよい焼き色がつくまで焼きます。

⑩ 焼きあがってあら熱がとれたら、型とフロランタンがついている部分をパレットナイフなどで離し、型から出して網にのせてさまします。ぬくもりがあるうちに切り分けます。

マカロン・チュイール

お菓子づくりは卵白があまりがち。こんなクッキーに利用できます。

マカロン（約48個分）

卵白	2個分
グラニュ糖	80g
ココナッツ（糸状）	100g
ラム酒	大さじ½

オーブン　約140℃・50～60分

チュイール（約24枚分）

卵白	1個分
砂糖	40g
薄力粉	40g
バニラオイル	少々
バター	40g
スライスアーモンド	60g

オーブン　約170℃・12分

＊マカロンは卵白、砂糖、木の実を混ぜた、小型の焼き菓子を呼びます。チュイールは屋根がわらの意味があります。

マカロン　〈生地を作る〉

① 鍋に卵白、グラニュ糖、ココナッツを入れて混ぜます。弱火にかけて約2分、混ぜながら加熱します。火を止めて、ラム酒を混ぜます。

焼く

② 生地をティースプーンですくい、オーブン皿（オーブンシートを敷く）に並べますⓐ。

③ 約140℃のオーブンで50～60分焼きます。オーブンの火を止めて、そのままさめるまで庫内に入れておき、充分乾燥させます。

チュイール　〈準備〉

● 薄力粉は2回、砂糖は1回ふるいます。
● バターは湯せんにかけて溶かします。

生地を作る

① ボールに卵白と砂糖を入れ、ホイッパーで混ぜてから、薄力粉、バニラオイルを混ぜます。

② 続いて、溶かしバターを混ぜ、スライスアーモンドを加えて、つぶさないように混ぜます。

焼く

③ オーブン皿（オーブンシートを敷く）に②をスプーン1杯ずつ置き、フォークでアーモンドが重ならないように直径約6cmの円に広げますⓑ（フォークは水でぬらすと生地がつきにくい）。

④ 約170℃のオーブンで12～13分、薄茶色になるまで焼きます。

⑤ 焼けたらすぐに、めん棒に並べてのせ、乾いたふきんで押さえて（熱いので注意）、丸いカーブをつけますⓒ。網にとってさまします。

　▲カーブをつける前にさめてしまったら、熱いオーブンに数秒もどして温め、やわらかくします。

型抜きクッキー

型抜きクッキーは粉の配合が多め。のばすときポリ袋を使うとかんたんです。

プレーン生地（20～30枚分）

バター	80g
砂糖	50g
卵	1個
バニラオイル	3滴
A ｛ 薄力粉	120g
アーモンドパウダー	30g
ポリ袋（25×18cmが入る大きさ）	
打ち粉（強力粉）	少々

オーブン　約170℃・15分

ココア生地（20～30枚分）

＊プレーン生地と同様で、Aだけかえます。

A ｛ 薄力粉	130g
ココア	20g

オーブン　約170℃・15分

＊左写真のとら猫は、プレーンとココアの余り生地を合わせた生地で作れます。

準備

- バターは室温でやわらかくします。
- Aは合わせて2回ふるいます。砂糖は1回ふるいます。

生地を作る

① 大きめのボールにバターを入れ、泡立器で練ってクリーム状にします。砂糖を2回に分けて入れながら、白っぽくなるまですり混ぜ、空気を充分含ませます。

② 卵をほぐして少しずつ加え、すり混ぜます。バニラオイルを加えます。

③ ゴムべらにかえて、粉を加え、粉気がなくなるまで切るように混ぜます。

④ ポリ袋に入れてひとまとめにし、ポリ袋の上から、めん棒で生地を25×18cm、厚さ約3mmにのばします❶。

⑤ 冷蔵庫で30分～1時間休ませます。

▲型を抜く前に、生地を冷やしてしっかりさせるのが、きれいに型抜きをするコツです。

焼く

⑥ ポリ袋を切り開きます。抜き型の先に打ち粉を1回ごとにつけながら、生地を抜きます❷。オーブン皿（オーブンシートを敷く）にのせます。

▲抜き終わった残りの生地は、まとめて再度のばして抜きます。生地がやわらかくなっていたら、冷やしてから抜きます。

⑦ ひも通し用の穴をあけたり、飾りのフォーク穴をつけたりします❸。

⑧ 約170℃のオーブンで15分焼きます。焼き色がよいものから網にとります。完全にさめたら密閉保存します。

穴あけにはストローがやりやすい。

フィグバー

フィリング入りのクッキー。いちじくの歯ごたえがおいしくて、ついもうひとつと、手が出ます。

材料（約24個分）

バター	60g
砂糖	60g
卵	小1個(正味50g)
バニラオイル	3滴
A [薄力粉	160g
アーモンドパウダー	30g]
卵黄	1個分
ポリ袋（幅約24cm）	

〈フィリング〉

乾燥いちじく*	150g
くるみ	30g
砂糖	30g
レモン汁	大さじ½
レモンの皮のすりおろし	½個分
ブランデー	大さじ1

オーブン　約180℃・17～20分

＊乾燥いちじくは、プルーンのような半生状態のものが市販されています。

準備
● バターは室温でやわらかくします。
● Aは合わせて万能こし器などで2回ふるいます。砂糖は1回ふるいます。

フィリングを作る
① いちじくは細かくきざみます。
② くるみは、5mm角くらいに切ります。約180℃のオーブンで7～8分、かすかに焼き色がつく程度に焼きます。
③ フィリングの材料を混ぜ、30分～1時間おいてなじませます。

クッキー生地を作る
④ 大きめのボールにバターを入れ、泡立器で練ってクリーム状にします。砂糖を2回に分けて入れながら、白っぽくなるまですり混ぜ、空気を充分含ませます。
⑤ 卵をほぐして少しずつ加え、すり混ぜます。バニラオイルを加えます。
⑥ ゴムべらにかえて、Aを加え、粉気がなくなるまで切るように混ぜます。
⑦ ひとまとめにして、ポリ袋に入れ、袋の上から生地をめん棒でのばし、28×24cm、厚さ約3mmにのばします。冷凍庫に30分ほどおいて生地をかたくします。

形づくる
⑧ ポリ袋を切り開き、生地の短い辺を3等分に切ります。
⑨ 帯状の生地に卵黄を塗り、中心にフィリングを置きます。生地の両端をしっかりとじ合わせます。少し冷凍して生地をしっかりさせてから、とじ目を下にして、8等分に切り分けます。

焼く
⑩ 約180℃のオーブンで17～20分焼きます。網にとってさまします。完全にさめたら密閉保存します。

149

チョコレート

とびきりおいしい中身を入れて、手づくりチョコレートにトライ。

■チョコレートを形づくる場合、溶かして固めただけでは、脂が浮いたような白っぽいもよう（ブルーム）が出て、きれいに仕上がりません。つやのある仕上がりにするには、テンパリング（チョコレートの温度調節）という作業が必要です。

■手順は、①具（センター）の下ごしらえ ②仕上げ用チョコレートのテンパリング ③仕上げ、です。

■冷蔵庫や涼しいところで、半年くらい保存できます。

＊チョコレートはカカオの量でおいしさが決まります。市販のチョコレートはいろいろな成分が加わり、カカオ分が低めです。製菓用チョコレート（クーベルチュールとも呼ぶ・カカオ分約35％以上）を使いましょう。製菓用でも、コーティング専用のチョコレート（洋生チョコレートともいう）は、油脂が多く、テンパリングは不要ですが、味は落ちます。

ナッツチョコレート（12個分）

〈センター〉
アーモンド（ホール）、カシューナッツ、
マカデミアンナッツなど好みのナッツ …20g

〈飾り用〉金箔……………………少々
チョコレート用豆カップ ……12個

〈仕上げ用チョコレート〉
スイートチョコレート ……200g
ココア ……………………小さじ⅓

＊ナッツチョコレートとブランデーチョコレート（P.152）を同時に作る場合は、仕上げ用チョコレートは、スイートチョコレート300g、ココア小さじ½で作ります。

ナッツチョコレート

① ナッツは約180℃のオーブンで10〜12分、軽く色づく程度に焼きます。7mm角くらいにきざみます。豆カップにナッツを等分に入れます。

② 仕上げ用チョコレートをテンパリングします（P.153参照）。①に流し入れます。金箔を飾ります。

チョコレートの葉（適量）

仕上げ用チョコレートの残り
バラやつたの葉………………適量

＊仕上げ用チョコレートは作業をしやすいように分量を多めに作ります。残りは、このように葉にしてはいかがでしょう。またほかに、コーンフレークを入れてからめれば、おいしいロックチョコレートが作れます。

チョコレートの葉

① バラ、つたなどの葉に、テンパリングした仕上げ用チョコレートをはけで塗ります。乾いたらそっとはがします。葉の表裏を見て、はがしやすい側に塗ります。

▲バラの葉程度のやわらかさ、凹凸具合の葉が適当です。かたかったり、凹凸が多いと、きれいにはがせません。よく洗って使います。

151

ブランデーチョコレート（24個分）

〈センター〉
スイートチョコレート ……100g
生クリーム ……………40cc
ブランデー……………大さじ1

〈仕上げ用チョコレート〉
スイートチョコレート ……200g
ココア …………………小さじ⅓
しぼり袋と丸口金（直径1～1.5cm）
チョコフォーク（→作り方⑦で使用）
パラフィン紙（25×15cm角＝コルネ
　2個分）………………… 1枚

〈飾り用〉
ピスタチオ ………………… 1粒

ブランデーチョコレート

① センター用のチョコレートは1～2cm角に折ります。しぼり袋には口金を入れておきます。パラフィン紙は、写真のように丸めます（コルネ）。

▲25×15cmのパラフィン紙を斜めに切って、直角三角形にします。長い辺の中央を中心に丸めます。中身を詰めたら、端を折ってとじます。先を少し切ってしぼり出します。

② 鍋に生クリームを入れ、強火にかけます。沸とうしたら火を止め、すぐチョコレートを入れてひと混ぜし、ボールにあけて、混ぜながら溶かします。

③ ブランデーを加え、ボールを水にあてながら、ホイッパーで混ぜます。落としたときに形がつくくらいの濃度になったら、しぼり袋に入れます。

④ オーブンシートの上に棒状にしぼり出します。冷蔵庫に入れてかたくします。

⑤ 仕上げ用チョコレートをテンパリングします（P.153参照）。

⑥ ④を24等分に切り、⑤のチョコレート少量を下塗りします。すぐ乾きます。

⑦ チョコフォークに⑥をのせ、仕上げ用チョコレートにつけてとり出します。

▲チョコフォークは針金のように細いため、チョコレートに跡がつかず、仕上げ用チョコのきれもよいのであると便利。なければ、多少跡が残りますが、ふつうのフォークで。

⑧ ピスタチオをきざんで半量にのせます。残り半量には、仕上げ用チョコレートをコルネに入れて線描きします。

■ **テンパリングの方法**

テンパリングの道具（直径18cmくらいのボールと鍋・温度計とゴムべら）

● ゴムべらに温度計をとめます。チョコレートは1〜2cm角に折ります。
● 室温は、20℃くらいが作業しやすくなります。

① ボールを55℃くらいの湯せんにかけて、チョコレートを溶かします。チョコレートの温度40〜45℃ 。

▲作業中、チョコレートに水気や湯気が入らないようにします。できれば、ボールと鍋がぴったり合うとやりやすくなります。

② ボールごと水につけ、混ぜながらさまし、チョコレートの温度が 30℃になったら、ココア をよく混ぜます。

③ ボールを湯せんにもどし、作業している間 30℃に保温 します。

▲チョコレートの温度が極端に下がってしまったら（25℃くらい）、①からやり直します。

失敗例

◀温度調節を失敗したり、水気が入ったりすると、脂が浮いたようなもようが出てしまします。

＊この方法は、特開平7-39307号にかかわる発明に基づいています。

生チョコレート

高級感ある大人の味。かんたんで失敗なしだから、バレンタインにぜひおすすめ。

材料（14×11.5cmの流し箱1個分
　　　　　＝チョコレート36個分）

- スイートチョコレート ……100g
- 生クリーム ………………40cc
- 水あめ ……………………大さじ½
- バター ……………………大さじ½
- グランマルニエ…………大さじ１
- ココア ……………………大さじ２
- パラフィン紙(14×18cm)……１枚

＊型は流し箱のほか、同じくらいの容器やトレーでもかまいません。

準備
● 流し箱には、チョコレートをとり出せるように、パラフィン紙を敷きます。

生地を作り、固める
① チョコレートはあらくきざみます。
② 鍋に生クリーム、水あめを入れ、強めの中火にかけて水あめを溶かします。沸とうしたら火からはずし、すぐチョコレートを入れてひと混ぜし**ⓐ**、ボールにあけてチョコレートを完全に溶かします。

　▲チョコレートが多いので、熱くなっている鍋のほうにチョコレートを加え、溶かします。

③ バター、グランマルニエを混ぜます。流し箱に入れ**ⓑ**、平らにします。
④ 冷凍庫で約30分冷やし固めます。

仕上げる
⑤ 流し箱から出し、36等分に切ります。茶こしでココアをふります。冷蔵庫または冷凍庫で冷たくしていただきます。

　▲冷凍庫で１〜２か月保存できます。

フルーツトリュフ

ドライフルーツの洋酒漬けがたっぷり。きのこのトリュフに似たひと口チョコレートです。

材料（約30個分）

スイートチョコレート ……150g
A ┃ 生クリーム…………………70cc
　 ┃ バター……………………大さじ1
　 ┃ 牛乳………………………大さじ1
グランマルニエ …………大さじ½
　 ┃ レーズン ………………100g
　 ┃ オレンジピール …………50g
　 ┃ スライスアーモンド………40g
　 ┃ グランマルニエ……大さじ1½
ココア ……………………大さじ3
粉糖 ………………………大さじ3

生地を作り、丸める

① レーズンは湯で洗い、水気をふいて5mm角くらいに切ります。オレンジピールも5mm角に切ります。スライスアーモンドは約180℃のオーブンで5〜6分、軽く色づく程度に焼きます。

② ボールに①とグランマルニエ大さじ1½を入れ、混ぜておきます。

③ チョコレートは、溶かしやすいように細かくきざみ、ボールに入れておきます。

④ 鍋にAを入れて中火にかけ、沸とうしたら、③のボールに入れ、ホイッパーで混ぜて溶かします。

⑤ さらに、グランマルニエ大さじ½、②を混ぜます。丸めやすいかたさになるまでさまします。

⑥ スプーン山盛り1杯くらいずつとり分け、直径2.5cmくらいに丸めます。

仕上げる

⑦ 小さな器にココアを入れてチョコレートを入れ、器をゆすってまぶします。半量作り、残り半量は粉糖を同様にまぶしつけます。

　▲冷蔵庫や涼しいところで、1週間くらい保存できます。

お菓子づくりの用語

【あ】

アイシング ケーキやクッキーに飾る砂糖衣のこと。粉糖に水分を加えてとろりとさせたものをかけたり（P.53）、しぼったりします。

あら熱をとる 焼きたて、または煮立てたものを、手でどうにかさわれる温度までさますこと。

打ち粉 タルトやパイ、クッキーの生地を扱うとき、手やめん棒、調理台に生地がつかないようにふるう少量の粉。手粉（てこな）ともいいます。粉は、さらさらとして生地に入りこみにくいので強力粉が向いています。

【か】

カスタードクリーム 卵黄、砂糖、牛乳を材料に、小麦粉やコーンスターチでとろみをつけたクリーム（P.112）。香料や洋酒、チョコレートを加えて、香りや味をつけます。

ガナッシュ チョコレートと生クリームを混ぜたもの。ケーキに塗ったり（P.43・59）、チョコレート菓子に入れます（P.152）。

カラメル 砂糖に水を加えて煮つめ、ほどよくこがしたもの。風味づけや色づけに（P.61）、またソース（P.133）として使います。

から焼き 素焼きすること。お菓子づくりでは、タルトやパイの生地を、中身が入らない状態で焼くことなどもいいます。

乾燥焼き 低温のオーブンで焼き色がつかない程度に焼くこと。ナッツの下ごしらえや、シューを焼く場合の後半、乾燥焼きにします（P.111）。

生地 材料を合わせ、加熱する前の状態を呼びます。種とも。／**生地を休ませる** 生地を室温や冷蔵庫にしばらくおいて、なじませること。

クラム ケーキの小片。スポンジケーキのクラム（P.31）は、タルトなどの中身に使えます（P.95）。また、そぼろ状の生地のことも呼びます（P.51）。

コーティング チョコレートや砂糖衣で、ケーキやクッキーなどの表面をおおうこと。

氷水にあてる 生クリームや、ムースの生地を冷やしながら作業をする場合、ボールの底を氷水につけること。氷水はひとまわり大きなボールに入れるとやりやすくなります。

コルネ 角（つの）という意味。パラフィン紙で作るしぼり袋のこと（P.152）。円錐に形づくることからこう呼びます。

【さ】

室温にもどす 部屋の平均温度（23〜25℃）にすることをいいます。材料を冷蔵庫から出して少し時間をおきます。

シロップ 砂糖を水で煮溶かしたもの。洋酒や香料で風味づけすることも。ケーキに塗ってしっとり感や風味をつけたり、バタークリームやメレンゲを作るときに加えたりします。

すり混ぜる 泡立器や木べらで、ボールにこすりつけるように混ぜ合わせること。

【た】

角(ツノ)が立つ 卵白や生クリームを泡立てたとき、泡立器を持ち上げると、泡が山形に、ツノのようにピンと立つ状態。完全に泡立ったというめやすになります。

つやかんてん つやをよくするために、タルトなどのフルーツの表面に塗るかんてん（P.75）。

つやがけ つやをよくするために、ケーキやパイの表面に、洋酒などでゆるめたジャムを塗ること（P.55）。ナパージュともいいます。

テンパリング チョコレートを温度調節する作業のこと（P.153）。チョコレートを形作るとき、つやよくきれいに仕上げるために行います。

溶かしバター バターを温めて液状に溶かしたもの。直火にかけると、こげやすく風味もとぶので、湯せんにかけて溶かします。

【は】

バタークリーム バターに、泡立てた卵白や卵黄を加えてから、さらに泡立てたクリーム（P.34）。

ピケ タルト、パイ、クッキーなどを焼くときに、火通りがよいようにフォークなどで穴をあけること。

ビスキュイ スポンジケーキの生地のこと。

人肌(ひとはだ) 人間の体温くらいの温度。実際にさわって温かいと感じるのは人肌以上。〝冷たくない程度〟と思うとよいでしょう。

ピューレ 材料をつぶしたり、裏ごしたもの。

フィリング タルトやパイなどに詰めたり、はさんだりする、詰めもののこと。

プラリネ 砂糖をカラメル状にし、アーモンドを混ぜてくだいたり、つぶしたもの。

プリザーブ ジャムの一種で、果実の形を残したもの（P.89）。

分離する 生クリームを泡立てすぎたり、バターと卵が混ざらなかったりして、脂肪と水分が分れて（P.46）、なめらかにならないこと。

ホイップクリーム 生クリームを泡立てたもの。泡立てやすいように乳脂肪を調整したホイップ用の生クリームのことをさすこともあります。

【ま】

マジパン 砂糖とアーモンドをつぶしてペースト状にしたもの。色をつけて、人形や動物に形づくり、ケーキの飾りにします。

メレンゲ 卵白に砂糖を加えて泡立てたもの（P.10）。

【や】

湯せん 直火にかけず、湯に、材料の入ったボールや鍋の底をあてて温める方法。

料 理 研 究　ベターホーム協会
　　　　　　　竹内律子　橋本知子　山田美佐子
　撮　影　　大井一範
　装　画　　平野恵理子
表紙デザイン　熊澤正人・尾形　忍（パワーハウス）

実用料理シリーズ
ベターホームのお菓子の基本
初版発行　1998 年 10 月 20 日
14 刷　　2019 年 11 月 10 日

編集・発行　ベターホーム協会

　　　〒150-8363
　　　東京都渋谷区渋谷 1-15-12
　　　〈編集〉Tel.03-3407-0471
　　　〈出版営業〉Tel.03-3407-4871
　　　http://www.betterhome.jp

ISBN978-4-86586-024-5
乱丁・落丁はお取替えします。本書の無断転載を禁じます。
ⒸThe Better Home Association,1998,Printed in Japan